传播与中国译丛——媒介道说系列——黄旦 孙玮 主编

齐泽克论媒介

Žižek and the Media

[英]保罗·A. 泰勒（Paul A. Taylor）著
安婕 译

中国传媒大学出版社
·北京·

目　录

辨音闻道识媒介

黄　旦

从一个故事说起。

以《闲情偶寄》立名于中国文学史的李渔，写有一部小说，名《十二楼》。内中有《夏宜楼》一卷，说的是一瞿姓相公，“亏得一件东西替他做了眼目”，“微光一隙仅如丝，能使瞳人生翅”，偷窥到居于夏宜楼的詹姓小姐之美貌，心生莫名爱意。于是他灵机一动，将远望高探而得的楼内女方动静，借助媒人之口，一一说与詹小姐听，以示天生有缘，唬得这位小姐毛骨悚然。门禁之内的夏宜楼，男女有别，旁人不能随便进出，其动静连自家人都未必尽知，偏一个外人竟一清二楚。詹小姐百思不得其解，疑非得神助不能，遂“把个肉身男子”就当成了“蜕骨神仙”。“这等看起来，竟是个真仙无疑了！丢了仙人不嫁，还嫁谁来!”詹小姐也不是没有担心，“神仙”是否有“真形实像”,“不要等我许亲之后他又飞上天去,叫人没处寻他”。到了新婚夜,詹小姐初近新郎,战战兢兢,“还是一团畏敬之意,说他是个神仙,不敢十分亵狎”,至半夜却发现其“欲心太重,道气全无”,根本就是凡夫俗子一个。她狐疑中追究缘由,“件件查问到底”,才知此桩美事功德,全得力于一个“法宝”——千里镜。瞿相公偶尔从市场购得此物,在高山寺租得一间僧房,遍扫各处房屋。之前种种,正是这双“千里眼”居高临下所功。让人想不到的是,知道真相后的詹家小姐,惊诧之余,并未显上当受骗之恼怒,反正色道:“这些情节虽是人谋,也原有几分天意,不要十分说假了。”第二天恭恭敬敬就把这件“法宝”供在了夏宜楼,做了家堂香火,夫妻二人不时礼拜。

在我看来,这就是一个媒介道说的故事。

媒介,是英文 media 的汉语译词。英文的 media,源自拉丁文 medium,意指中间。medium 一词大致有三种意涵:第一,比较古旧且运用普遍的意涵,指的是“中介机构”或“中间物”。这个意涵源于一个特别的物理或哲学的观念:一种感官(或一种思想)要去体验(或表现)必须有一个中间物。第二,着重落在技术层面,例如将声音、视觉、印刷视为不同媒介(media)。第三,专指资本主义。在这层意涵里,报纸或广播事业被视为另外事物(如广告)的一个媒介。[①] 也有学者为此勾勒出一条变化的线索:古典拉丁文 medium 指的是某种中间的实体或状态,但在古典之后的拉丁文以及 12 世纪之后的不列颠资料中,媒介则指从事某事的方式。一方面,媒介可以视为一种偶然性的存在,它使得现实世界中的诸多现象相互关联,或将现实世界与可能性世界相互关联。另一方面,从现代意义上来看,媒介是一类特殊资源。直到 1960 年,媒介才成为一个术语,描述实现跨时空社会交往的不同技术与机构,并因此受到特定学术领域的关注和研究。[②] 中国的古汉语,只有"媒"字,并无"媒介"一词。按《说文解字》中的解释,"媒即谋也,谋合二姓者也"。"谋合二姓",不仅"媒"(谋)的位置居间,而且是介入——撮合二姓的第三者。由此可见,media 或"媒",就其本义及其谱系,主要意为居中(中介机构或中间物)位置及交接转化(从事某事的方式),重点是中介行为。[③] 按我的说法,媒介是有"媒"有"介",是连接、触发与转变的不断运作,是媒—介的互动和呼应。通俗地讲,就是一场"交易"[④]。故凡是媒介,必是从关系着眼,否则就是技术或物件。媒介

---

① 威廉斯.关键词:文化与社会的词汇[M].刘建基,译.北京:生活·读书·新知三联书店,2005:299-300.

② 延森.媒介融合:网络传播、大众传播和人际传播的三重维度[M].刘君,译.上海:复旦大学出版社,2012:59-60.

③ 德布雷.媒介学引论[M].刘文玲,译.北京:中国传媒大学出版社,2014:10.

④ 德布雷.媒介学引论[M].刘文玲,译.北京:中国传媒大学出版社,2014:76.

学就是研究关系方面的东西而不是物体。[①] 之所以习惯于将某种技术和机构(比如报纸)命名为媒介,在于预先已设定其为“实现跨时空社会交往”。

夏宜楼“有绿槐遮蔽,垂柳相遭,自清早以至黄昏,不漏一丝日色”,如此幽密荫深之所,却被“微光一隙仅如丝”的千里镜穿破,从而引出这一实体空间,与高山寺的瞿生照面。高山寓意宽广、挺拔和敞亮,乃为“夏”之意象;夏宜楼,则是三面环水柔软清凉,为避暑之胜,故有“宜”之谓。一阳一阴,偏因“千里镜”相遇而碰撞交汇融合,孕育出新的关系和生活。千里姻缘一镜牵,夏“宜”楼化成了宜“夏”楼。千里镜就是千里“媒”!“传媒与工具和机器不同,工具和机器是我们用来提升劳动效率的器具,而技术的传媒却是一种我们用来生产人工世界的装置,它开启了我们的新的经验和实践的方式,而没有这个装置,这个世界对我们来说是不可通达的。”[②] 千里镜是如此,贵州的中国“天眼”——FAST 望远镜也是如此,无人不知的报纸、广播、电视等,均因此而成其为“媒介”。

媒介以它特有的方式解蔽现实并将之带到我们面前,这是一种中介了的现实。“想独上高楼读一遍《罗马

---

① 德布雷.媒介学引论[M].刘文玲,译.北京:中国传媒大学出版社,2014:73.

② 克莱默尔.传媒、计算机和实在性之间有何关系?[M]//克莱默尔.传媒、计算机、实在性——真实性表象和新传媒.孙和平,译.北京:中国社会科学出版社,2008:7-8.

衰亡史》,忽有罗马灭亡星出现在报上"(卞之琳,《距离的组织》),从而导致场景重新组合和分化交叉,引入一种并不依赖于固定地点的新场景,新的角色行为模式就在新的社会场景中诞生。[①] 媒介抵达之处,既是世界所在之"界",同时也是"新世界"敞开之时。"计算机界所说的实时、媒体界所说的'现场'等效应都深刻地——同时也可能在根本上——改变了事件化的原义,改变了时间和空间的存在"[②],由此也就改变了人的存在。人体在感知比率变化中既延伸又自我截除,在一伸一缩中调适与外界的关系尺度。[③] "媒介就是认识论","任何认识论都是某个媒介发展阶段的认识论"[④]。所谓"媒介环境",所谓"媒介环境学",或者梅罗维茨认定的"新场景",应该是在这样的意义上来理解的。这是超越了自然、社会和人,同时又使之重新联结并组合的第三种环境。[⑤] 夏宜楼的故事,已经让我们充分领略到这一点。自从"千里镜"登堂入室,它的内外格局和关系结构就已千疮百孔,不再是原

---

① 梅罗维茨.消失的地域:电子媒介对媒介行为的影响[M].肖志军,译.北京:清华大学出版社,2002.

② 斯蒂格勒.技术与时间:爱比米修斯的过失[M].裴程,译.南京:译林出版社,2012:18.

③ 麦克卢汉.理解媒介——论人的延伸[M].何道宽,译.北京:商务印书馆,2000.

④ 波兹曼.娱乐至死[M].章艳,译.桂林:广西师范大学出版社,2004:30.

⑤ 斯蒂格勒.技术与时间:爱比米修斯的过失[M].裴程,译.南京:译林出版社,2012:90.

来的夏宜楼，哪怕看上去景色依旧。新婚之夜的詹小姐，面对瞿生的全盘托出，不能不信又不愿完全接受。所谓的“不要十分说假了”，实则是不能十分说假罢了。幻想的破灭，也就是现实的毁灭。顺着既有真真假假（真实与虚拟）的逻辑，是唯一的出路。这正说明夏宜楼回不到从前也不可能再回到从前。“千里镜”被奉为“法宝”，“做了家堂香火”，活生生地演绎了“媒介道说”中的“道成肉身”。此后的夏宜楼不能不在“法宝”的不时礼拜中存在，并讲述其以往和未来。或许在库尔德利看来，这不过是人通过媒介做什么或是在做什么与媒介相关的事①，然而，人的此种“做”必是与媒介的设定及其刺激、推动断不开的。“通过媒介做什么”和“做什么与媒介相关的事”，首要的必是与“什么媒介”有关。看报纸和看电视就不是一回事，否则戴扬和卡茨也就用不着专拿电视来演说“媒介事件”②。媒介“并不简单地传递信息，它发展了一种作用力，这种作用力决定了我们的思维、感知、经验、记忆和交往的模式”③。

---

① 库尔德利.媒介、社会与世界[M].何道宽，译.上海：复旦大学出版社，2014:41.

② 戴扬，卡茨.媒介事件[M].麻争旗，译.北京：北京广播学院出版社，2000.

③ 克莱默尔.传媒、计算机和实在性之间有何关系？[M]//克莱默尔.传媒、计算机、实在性——真实性表象和新传媒.孙和平，译.北京：中国社会科学出版社，2008:5.

"媒介的魔力在人们接触媒介的瞬间就会产生"①,这"魔力"即是媒介作为一种"装置将诸要素聚集在一起的某种生成",是诸要素"安排、组织、装配在一起的"创生过程。② 媒介不仅仅只是"处于中间位置的",它对通过中间项的两者起作用。它要在不可逆转的过程中创造出一个模型,超越所有的企图。③ 瞿生的隔空远扫,媒人的巧舌如簧,口信和诗文的情意脉脉,詹小姐的懵懂好奇,夏宜楼的特定空间,詹父的势利专横,詹家在朝为官的儿子,其他的求婚者,等等,一干人事全因"千里镜"的介入而现形,环连成网,各自激发,"每一种元素都有助于界定其他元素,每一种元素都为信息在系统中流动做出贡献"④,构成了特殊的传播事件——这段奇异之婚姻并重构了夏宜楼。"生成"不是融合、不是共存,而是一种转化,各自在媒—介中成其所是,形成一种全新的生态。媒介也在这种"活生生的力量漩涡"⑤中,敞开和绽放自身。李渔的"夏宜楼"实就是"千里镜"化的世界。试想,若不是"千里镜"而是电话(据研究,19世纪晚期美国电话使用的增加,

① 麦克卢汉.理解媒介——论人的延伸[M].何道宽,译.北京:商务印书馆,2000:42.

② 德勒兹:关键概念:第2版[M].田延,译.重庆:重庆大学出版社,2018:91.

③ 德布雷.媒介学引论[M].刘文玲,译.北京:中国传媒大学出版社,2014:125.

④ 海勒.我们何以成为后人类:文学、信息科学和控制论中的虚拟身体[M].刘宇清,译.北京:北京大学出版社,2017:34.

⑤ 麦克卢汉.麦克卢汉序言[M]//哈罗德·伊尼斯.帝国与传播.何道宽,译.北京:中国人民大学出版社,2003.

由于交流和声音接触的便利,的确促进了情爱事情的发生[①]),其所引发的"魔力"就不同,至少天上掉不下这位瞿哥哥。夏宜楼的整个过程、所有关系及其情节戏码都得推倒重来。所以,媒介——就是媒—介的召唤和应答——就是媒介道说:"让我们通向那个由于与我们相关而伸向我们的东西","让我们进入与我们相关或传唤我们的东西"。媒介"就是在如此这般允诺着的道说中显示自身本质"[②]。本译从定名为"媒介道说",就是得自如是的启示。

《约翰福音》的"太初有道",亦可称"太初有言"。故"道"即"道说"(logos),又译为"逻各斯",在西方文化思想中有着重要影响。称"logos"为"道说",就为表明前者作为一个语言符号自身的内在力量与功能。[③] 据研究者,"logos"——道说,与老子的"道"类似,是话语,也是道理之理或道本身,[④]由此与中国文化和思维方式有了几分亲近。海德格尔把"道说"视为语言本质,是语言的语言。"道说"是把作为语言的语言带向语言,使人通达语言之大道。"道说"即语言本质显身,人们是"在说话(作为顺

---

① MARVIN, C.When old technologies were new[M].NY: Oxford University Press,1988.

② 海德格尔.在通向语言的途中[M].孙周兴,译.北京:商务印书馆,2005:190,255.

③ 芮欣.道说:从逻各斯到倾空[M].北京:北京大学出版社,2013:11.

④ 陈嘉映.海德格尔哲学概论[M].北京:生活·读书·新知三联书店,1995:298.

从语言的听)中","跟随被听的道说来道说"的,所以是"语言说话"[①]。

如果把海德格尔的"道说"与人的存在关系之特殊意义(语言是存在之区域,存在之圣殿,存在之家[②],所以技术就成为"座架")暂且放在一边,仅从他开启语言"本源"或"本质"的"道说"之思,或者以"道说"作为"道理之理",亦即"作为一个语言符号自身的内在力量与功能"之意,译丛名为"媒介道说",就是想破解传播学中将媒介仅仅视为器具、工具的固有思维。"器具是被有用性和需用性规定了的,所以,器具就把它由之据以形成的质料纳入了自己的有用性中"[③],最终留下的是用处、是效应,媒介却消失不见。由此我们希望读者从一个新的、立足媒介自身内在力量的——海德格尔所提示的"一件东西从何而来,通过什么它成为一件东西,这件东西是什么,它如何是"[④]这一存在"本源"亦即"道说"的角度出发,来阅读这套译丛。有新视角,才会发见新亮光。读书是如此,研究亦是如此。

---

① 海德格尔.在通向语言的途中[M].孙周兴,译.北京:商务印书馆,2005:239,254.

② 海德格尔.诗人何为?[M]//孙周兴.海德格尔存在哲学.北京:九州出版社,2004:152-216.

③ 海德格尔.艺术作品的本源[M]//熊伟.存在主义哲学资料选辑.北京:商务印书馆,1997:428.

④ 海德格尔.艺术作品的本源[M]//熊伟.存在主义哲学资料选辑.北京:商务印书馆,1997:402.

“媒介道说”并不主张什么媒介中心主义，也不赞成把人视为中心，此二者本就同根孪生一体两面彼此强化，尽管看上去像是针尖对麦芒。此种非此即彼，注定听不到媒介道说之“大音”。如果一定说有中心，“媒介道说”的中心就是人与媒介的共存以及相互介入和运作这一根本，并由此切近媒介并道说媒介。基特勒将人类传播媒介历史切割为两段：文字媒介阶段和技术媒介阶段。前者以语言编码为基础，后者则完全按照现代数学编码公式而运作。① 目今所谓的“后人类”，所谓的“虚拟真实”，不正源自数字编码媒介的变迁吗？媒介关乎人的习性、生活方式和自我构成，并与人共时并进。“不同的文明依赖的传播媒介各有不同。”②媒介造就人，一代媒介自成一代人。英尼斯的《传播的偏向》、波斯特的《信息方式》、卡斯特的《网络社会的崛起》等，都已经从不同层面为我们做了见证。据调查，虚拟现实技术已经影响了目前人们对于现实生活的看法，有人曾在问卷中直截了当地回答：“现实并不是我最好的窗口。”③以此看，美国芝加哥学派早期代表人物库利是颇有见地的。他认为，人类的本性来自两条生命传递线：一是生物种性；一是语言、交流和教育。只可惜他始终抱定这是两条“明显分开的河道”，

---

① 基特勒.传播媒介史绪论[J].文化研究，2013(13)：235-254.

② 伊尼斯.帝国与传播[M].何道宽，译.北京：中国人民大学出版社，2003：8.

③ 海勒.我们何以成为后人类：文学、信息科学和控制论中的虚拟身体[M].刘宇清，译.北京：北京大学出版社，2017：36.

也就找不到其交汇之处,最终落在了生物有机体对社会的适应上①也是不得不然。

既属"人类本性",人与媒介的相接相嵌就非后天强加,而是与生俱来。人,按照盖伦的说法,天生就不是自足的生物,只能依赖于预先构成的自然条件。因此,技术成为人类自身本质的最重要的部分,正像人本身一样形成了一种人造的性质。② 用斯蒂格勒的表述,人因"原始性的缺陷",故必以技术的弥补而诞生和存在:技术就是人的代具。代具并非人体的简单延伸,它构成"人类"的身体;代具也不是人的一种"手段"或"方法",而是人的目的。人是以技术的"外移的过程",运用生命以外的方式来寻求生命的。人与物(工具)的共时共生,标志着在有机体和它的环境之间出现了一种新型的关系,一种新的物质类型:即一种有机体(有机化的个人)同环境(一般意义上的、有机的和无机的物质)的关系,是由一种有机化而又无机的物质为中介来实现,而且二者互为激发:当"什么"在被"谁"发明的同时,也发明了"谁"③。这同样是唐·伊德所坚持的。他以为,人从伊甸园下到尘世,就是

① 库利.人类本性与社会秩序[M].包凡一,王源,译.北京:华夏出版社,1999:5.

② 盖伦.技术时代的人类心灵:工业社会的社会心理问题[M].何兆武,何冰,译.上海:上海世纪出版集团,2008:4.

③ 斯蒂格勒.技术与时间:爱比米修斯的过失[M].裴程,译. 南京:译林出版社,2012:19,126,166,20,193.

和技术相伴相行。“对于人类来说，没有技术的生存只是一种抽象的可能性”，除非是被圈在一个“孤立的、被保护的和牢固的乐园”里。“文化—技术的生活形式”，也就因此“限定了所有经验性的人类社会”①。

这样的视野，就是我们透视媒介和人之间关系的基础。依斯蒂格勒的“技术史同时也就是人类史”②的说法，我们也可以毫不迟疑地说，媒介史同时也是人类史，“媒介学的起源应该是人类学”③。勒鲁瓦-古兰说：“人类群体在自然中的行为就像是一个生命肌体，……它通过一层物体（工具、器械）的中介来适应自己的环境。人类用斧头砍伐，用箭、刀、锅、匙来取食肉类。人类就在这样一种中间层之中取食、自我保护、休息和行动。”④中间层即为媒介。仿照卡西尔的说法，这就是由“劳作”（work）划出和规定的“人性圆圈”⑤。媒介道说就是顺着这样的通达让我们来倾听的。

“媒介道说”译丛，集中展现了不同学科各位名家大师的媒介论述和思想。首先，多学科的思想源流和横岭

---

① 伊德.技术与生活世界[M].韩连庆，译.北京：北京大学出版社，2012：14，20.
② 斯蒂格勒.技术与时间：爱比米修斯的过失[M].裴程，译. 南京：译林出版社，2012：147.
③ 德布雷.媒介学引论[M].刘文玲，译.北京：中国传媒大学出版社，2014：15.
④ 斯蒂格勒.技术与时间：爱比米修斯的过失[M].裴程，译. 南京：译林出版社，2012：164.
⑤ 卡西尔.人论[M].甘阳，译.上海：上海译文出版社，1985：87.

侧峰的不同入角，大大越出了原有传播学中媒介理论之一脉，将会为我们重新理解媒介，尤其是在今天这样的数字移动背景下审视媒介，提供重要的思想资源。这是我们主持出版该套丛书的初衷之一。其次，几年前我们就提出，应将“媒介”确定为传播学研究的重要入射角，这不仅是为了纠正传播研究重内容、重效果而忽视媒介的偏向，更重要的是，我们认为从“媒介”入手最能抓住传播研究的根本，显示其独有的光彩。近些年我们在这方面的探索也证明了这一点，并已经初步形成了特色，得到全国同道的关注和呼应。其结果是大大地扩展了人们对于传播的理解，开辟了新的研究议题，重组了研究的领域，使传播研究的面貌和气质得到了一定程度的改变。因此，选择这样一套译丛，既是我们研究设想使之然，同时也希望借此为进一步推动这方面的研究添柴加火。最后，也是最重要的一点，即译丛的多学科特色，恰恰表明了“媒介”的极端重要性，它关涉人类社会的各个方面（当今数字技术的运用和影响就说明了一切），因而也是所有学科关注的焦点。因此，这套译丛可以成为一个四通八达的媒介，它将伸入各个学科，汇聚八方来客，共同思考，共同道说，“嘈嘈切切错杂弹”，携手创建中国传播研究的新蓝图。

自然，收入本套译丛的每本书，都是研究者对某一位学术名家媒介论说的梳理，属于“道说之道说”。这些“道说"及"道说"者拥有不同的学科和知识背景,其切入角度不同,问题指向不一,论述逻辑各异,基于不同的价值立场和媒介经验,就其内容而言,可以起到方便接引的作用,作为研究的初步向导,激发读者深入探索的兴趣。它既不能代替原著的阅读,更不是模仿照搬,"泥洋不化",好比夏宜楼里的"千里镜",做了个现成供奉的"宝物"。相反,我们要立足中国的媒介实践、传播经验和现实问题,从"媒介道说"中批判性地吸取养料,大胆想象,深耕细作,不懈努力,形成并发出中国学者之"媒介道说",并由此与世界对话。这,是我们的期待,也是每一位媒介学者应有的承当。

"哲学最终可能只不过是媒介理论而已"[①],对这个大胆的预测,我没有能力评判。不过由此倒让我想起海德格尔喜欢征用的两句诗:"词语破碎处,无物可存在。"现就将之稍作改动,以鹦鹉学舌结束这篇不算短的文字:

媒介破碎处,无物可存在。

媒介道说。

---

① 哈曼.铃与哨:更思辨的实在论[M].黄芙蓉,译.重庆:西南师范大学出版社,2018:219.

中译本序

北威尔士，2019 年 2 月 11 日

能为《齐泽克论媒介》一书的中译本作序我深感荣幸。德国哲学家马丁·海德格尔（Martin Heidegger）曾说："语言是存在之家。"如果这么说，中译本就意味着我们从这个家的底层来到了顶层，而正是古老的汉语赋予我们这一视野。我希望这一版本能为齐泽克的作品带来全新的读者。对于齐泽克的作品而言，首要的是他高度原创的观点，而非对诗性语言的具体运用，因此我也希望本书的要义尽可能不要在翻译中流失。

那么，齐泽克凭什么让中国人感兴趣？而且，凭什么中国人不去直接读齐泽克的原著，而要读我对齐泽克的解读？如果本书不能轻松雄辩地回答第一个问题，那它就是败笔。本书接下来的内容应该能够清楚地告诉大家，齐泽克是一个深邃而重要，又极其诙谐有趣的作家。第二个问题则层次更多，更为复杂。有的大学研究者对于像我这样把职业生涯用在评论别人著作上的人不以为然。他们更愿意做"原创的"研究，要么观点新，要么数据全，

对于收集数据，他们可是一丝不苟的。对此，我的回应是，要做真学术，就要谦卑。法国足球运动员埃里克·坎通纳(Eric Cantona)曾经恶意地把另一个法国足球运动员迪迪埃·德尚(Didier Deschamps)说成不过是个“端茶送水的”(water carrier)[①]，也就是说他球技不怎么样，只能跟在别人屁股后打打杂。坎通纳说的话虽然刻薄，但却有发人深省的地方。我就愿意骄傲地为一个技术更为娴熟的思想家——齐泽克——“打杂”。因为说实在的，任何一个合格的足球球迷都明白，只有好球员是组不成好球队的，球队中也要有甘做绿叶的球员——去奔跑、断球，对于学术而言，就是钻研和对概念的再解读。

正是凭着这一腔热忱，我把本书呈现给大家。齐泽克著作等身，也频频在网上曝光，但我也希望我这种理论性的“打杂”有助于你们理解并欣赏齐泽克的重要性。我跟你们大多数人一样，在初读齐泽克的著作时，并非总能完全理解他。有时，我确实真正地理解了，但这又激发了进一步的认识，而这些认识甚至连齐泽克本人都没有意识到[因为一位作者(或者一件艺术品)激发出与读者间的高于其原意的共鸣，这很常见]。基于这些认识，我试图让他的学说更容易为学术圈内外的读者共同欣赏。

齐泽克本人借鉴了德国哲学家黑格尔和法国精神分析学家拉康的重要思想来为自己的理论研究奠基。如果没有前期的知识储备，读者初读这两位思想家时都会觉得其思想极其晦涩艰深，但一经齐泽克之手，就好理解多

---

① “端茶送水的”(water carrier)，这里指勤勉有能力但不是明星的足球运动员。——译者注。此后脚注均为译者所注，不再一一说明。

了。齐泽克手法独特，他用日常生活和流行文化中的例子来说明这些只有内行才能读懂的哲学家的理论。他也用黄色笑话来进一步说明他的观点，且善于用典，但也因此而饱受指责。你们现在手捧的这本书就模仿了这一方式，在正文的最前面几页，我用了一个黄色笑话来说明齐泽克为什么使用黄色笑话！

一方面，齐泽克粗俗的幽默能让人耳目一新——学术界不把开玩笑或者开得起玩笑当本事，而且随着学术圈讲求政治正确、高风亮节风气的兴起，这种一本正经地否定生活的倾向愈演愈烈。这与齐泽克的做法简直是天壤之别。他每一个毛孔都散发着对生活的肯定和对理论的戏耍(joie de theorie)。在我与齐泽克一起乘火车前往我的故乡利物浦的途中(我当时要在一个公众演讲上介绍他)，我对他的幽默有了切身的体会。当时车厢里挤得水泄不通，人声鼎沸，他在大声地讲着粗俗的故事。人们一个接一个地关掉手机，这样可以更清楚地听到齐泽克讲话的内容，最后整个车厢都静了下来，只听得到齐泽克情绪饱满、滔滔不绝的讲话声。请相信我，让利物浦人保持安静可不是件容易的事儿！而另一方面，齐泽克风趣、粗俗，这也有助于让一些人不再沉醉于哲学课题的严肃性之中。人们总是错误地把一个人语气严肃、举止庄重等同于他要说的内容相当重要。齐泽克恰恰相反，他不修边幅，有点轻狂，但是，应该记住学院出身的托德·麦高文(Todd McGowan)①在提到齐泽克时曾道:"通往严肃之路,遍布笑话段子。"

齐泽克的著作内容极其广泛。从电影研究到神学,横跨各类不同学科。如果一定要给他的作品一个定性的说法,我会把它描述为以意识形态为核心,以情感投入为基石。齐泽克首先是一个政治哲学家(黑格尔式的),这一点可以解释他为何对意识形态如此感兴趣。马克思提出虚假意识(false consciousness)概念,他认为群众一旦得知他们如何被资产阶级操控,他们便会相应地调整自己的行为。而齐泽克积极探讨的却是,在现代西方社会中,群众是如何明知资产阶级对他们的操控,却偏偏任由自己被操控的。齐泽克采用了法语"我很清楚,但是尽管如此"(je sais bien mais quand-même)来描述这一过程。对某事很清楚,这并不足以改变我们的行为。这一事实表明有其他的因素,也许是更加情感性的因素在起作用,在此,齐泽克理论方法的第二个关键方面就浮出水面——拉康的精神分析。

西方学界有些人对精神分析不以为然,把它看作一门智性学科,原因在于它在所难免的推测性[但无意之中,这种抵制本身成了讽刺。因为有些事情接受起来让人觉得不舒服,那人们就会"拒认"(being in denial)②与

① 托德·麦高文(Todd McGowan),佛蒙特大学(The University of Vermont)英文系教授,主要研究黑格尔、马克思、弗洛伊德的理论及电影理论。代表作有《只有笑话能拯救我们:喜剧理论》(*Only a Joke Can Save Us: A Theory of Comedy*)、《资本主义与欲望》(*Capitalism and Desire*)等。

② "拒认"(being in denial),心理学术语,指否认令人不快、痛苦的事情。

之相关的真理，这恰恰是精神分析中的一个常见现象。这意味着，匆匆摒弃精神分析反而在无意之中成为对它的肯定]。“社会科学家们”引以为豪的是，他们人如其名，做起学问有如科学研究一般地严谨。然而，一事一物并不因为它不可度量就不重要。在英语中，有句不大入耳的话是这么说的：人能知道万物的价格，却不知道它们的价值(这给经济学下了一个很不错的初步定义)。就媒介及受其影响的研究而言，这是一个尤其深刻的见解。尽管传播学研究数量巨大，并且都试图尽可能精确地描述媒介信息的各种传播及影响，但这种过于机械的方法却无法应付杂乱无章的现代媒介景观。有人说，只有5%的广告是有实效的，但问题是我们并不知道哪些才是那有实效的5%。正是在这种情况下，齐泽克把精神分析与政治哲学结合起来，可以说这种独一无二的杂糅比其他理论更好地解释了资本主义制度下当代生活的诸多方面。

本书写作之时，西方民主制度正处于变动不居的时期。美国有一位总统，连最爱国的美国人都不承认他能有风度地为美国文化代言，而美国也在严重的社会分化下四分五裂。同样地，被称为“议会之母”的英国议会也完全处于动荡之中，公民投票选出了议员，他们竭尽全力想要找到更有创意的办法，目的却是阻止议会自己发起的全民公投脱欧的结果成为现实。除了英语国家，世界上其他地方上演的故事也毫不逊色。法国经常发生群众抗议活动，平民暴动在欧洲各地都很常见。对于媒介学者而言，这些事件最有趣的一个层面在于，媒介领域的评论家们通常无法预言这些事件；一旦这些事件发生了，他们又不遗余力地要搞清楚背后的原因。马歇尔·麦克卢汉(Marshall McLuhan)[①]曾说："发现水者——绝非鱼(Whoerer discovered water-it wasn't fish)。"他这一评论强调了问题的一个重要方面——那些淹没在媒介大潮中的人们总是努力找寻一个置身其外的视角。

在本书接下来的篇章中，大家将会看到齐泽克在研究当代西方媒介的过程中是如何教给我们一种亦庄亦谐的研究方法，藉此，我们可以不做"麦克卢汉的鱼"，我们会在媒介之水里学会更好地理解其本质。西方社会往往标榜自己的民主资质来得得心应手，而同时居高临下地对别的政体形式指手画脚。你们会在本书中看到，尽管我们号称生活在后意识形态时代，但西方社会实际上渗透着各种不同形式的意识形态，它们星星点点地编织在日常生活的肌理之中。我在接下来的章节中将展开全面论述，以便更好地理解媒介体系中一直未被探讨的那些潜在的重要性。在这方面，斯拉沃热·齐泽克(Slavoj Žižek)是一位优秀而迷人的向导，无人能及。

最后，我要对一些评论家做点评论，他们认为齐泽克的作品太过理论化。对此我要说，没有什么比自命不凡的社会科学中那些枯燥的数据和脱离语境的事实更抽象、更不切实际的了。相反地，齐泽克的理论(包括我自己对该理论的阐释)一以贯之地致力于通过有趣的实例来说明理论，尽管那些理论极其繁复，却是基于平常事展

---

① 马歇尔·麦克卢汉(Marshall McLuhan，1911—1980)，媒介理论家，主要著作有《机器新娘》《理解媒介》等。

现出来的。在此，要说明齐泽克和本书为何能问心无愧地为了理论而颂扬理论，也许最好的解释就是借用一句中国老话（鉴于你们手中的书是中文的，这也恰到好处）："如人以指指月，愚者但看指不看月（When a finger points at the moon, the idiot looks at the finger）。"[①]

保罗・A. 泰勒

① 语出《大智度论》，"如人以指指月，愚者但看指不看月。智者轻笑言：'汝何不得示者意？指为知月因缘，而更看指不看月！'"；一说见于《楞伽经》，"如愚见指月，观指不观月；计著名字者，不见我真实"。

译者序

作为当代最为耀眼的学术明星之一，齐泽克从德国唯心主义和精神分析中汲取能量，从马克思主义哲学及基督教神学的重要方面展开政治批评，熔精神分析、主体性、意识形态和大众文化于一体，形成了自己不拘一格的思想作品。他诙谐而又华丽的写作方式，奇异而又激进的分析解读，以及他在抽象哲学与世俗生活、严肃概念与低俗玩笑、深奥观点与浅薄媒介之间自如穿梭的古怪能力，造就了他独特的风格和深邃的思想。

正是在此意义上，保罗·A. 泰勒对齐泽克媒介理论的解读抓住了其思想的内核。精神分析的现实性、性变态的政治性、媒介符号的体系性、媒介暴力的神圣性以及意识形态对现实的再造，这些构成了本书对齐泽克媒介理论的主要论述面。泰勒拟仿和保持了齐泽克粗俗的幽默及华丽的文风，广泛征用了电影、电视真人秀节目、网络游戏、恐怖战争及时事报道等与媒介手段及话语，最大可能地保留了齐泽克媒介理论的风貌，最大限度地解读了齐泽克媒介理论的要点。

齐泽克的媒介研究贯穿着拉康的精神分析理

论。齐泽克利用性变态理论来分析权威对媒介的操控，利用阉割来提醒批判，利用精神病和神经症的变化过程来反映意识形态对虚拟现实的建构，利用拉康大他者以及实在界、想象界、象征界三位一体等概念来说明，我们常识中的现实概念并不能充分揭示我们的直接生活经验所受到的影响。这种影响无疑来自非物质、空白、真空和不在场，但其决定性的作用毫不逊色。幻想及其运营的各种力比多投资，在我们个体和社会的心理中有着基础性的作用。尽管在当代各种元叙事（例如宗教）公然的象征效力已式微，但大他者作为一种结构性力量，却继续出没于客观切实的、尽管并非昭然若揭的形式中。

齐泽克同时也是德国唯心主义的继承人，确切地说是一位黑格尔派的政治哲学家。齐泽克延循黑格尔高贵与低贱相互建构的理念，采用色情的例子，汲取批判哲学及精神分析传统来揭示天堂/地狱，高级/低俗等建构了我们的符号环境和心理环境的二分模式，以及非物质所具备的悖论性的物质效果。虚无、空白和缺席有着生产性和基础性的力量，这正是他从德国唯心主义那里继承的以否定性作为存在之根本的观念，由此他得以从变态疯狂的角度去看待主体性的形成。而一大部分媒介所暗含的意识形态，正是建立在对这种力量的控制和操纵之上的。在这所谓后意识形态的时代，意识形态形式实际上渗透了西方社会日常生活的方方面面。齐泽克调转了马克思的“虚假意识”，认为现实的再生，有赖于意识形态的操控。马克思认为一旦大众得知自己是如何被操控的，他们自然会转变行动。而齐泽克则去研究在当代的西方社会,大众知道自己是被操纵的,却还任由自己被操纵这一现实背后的意识形态操控。在由礼貌和优雅等组成的交往编码语境中,符号暴力过度地集中在名人身上而非政治问题之上,而随着符号暴力成为媒介价值观最突出的背景,它就使得客观暴力不经检查、不经质疑地大行其道。这样,媒介的符号暴力具有了本雅明神圣暴力的意义,媒介体系性地利用了符号暴力来集中于主观暴力,从而不去面对我们社会体系性的客观暴力。故而社会需要主观性的"替罪羊"来逃避面对它自身的体系性真理——它扭曲地强调其主观的对手来遮掩的客观暴力。在齐泽克粗鄙的幽默背后,潜伏着对于当代媒介的意识形态影响的极其严肃的批判。

齐泽克介入媒介领域,因为其鄙俗的笑话而招致批评,更因为其多学科的杂糅而引起了广泛的争议和思考,他的研究深刻地改变了我们对这一领域的认识。

安　婕

这些主张听上去不现实，这并不能说明它们具有乌托邦的性质，而是说明阻碍它们实现的力量相当强大。

——赫伯特·马尔库塞《单向度的人》

“要是早知道”，我的一个病人说，“我尿床可就不止一周两次了。”

——雅克·拉康《我的教学》

前 言

"狗的睾丸"[1]……在媒介晚宴上

下文中的笑话齐泽克并没有提过,但它生动而凝练,通过搞笑的手段悖谬地实现了严肃的意旨,这是齐泽克常用的方式。在一个中产阶级家庭热闹的晚宴上,主人那条耀武扬威的老狗摇摇晃晃地走进餐厅,扑通一声卧倒在地。一时间,客人都安静下来,在众目睽睽之下,它起劲地舔起自己的阴囊来。晚宴弥漫着一种令人难耐的尴尬气氛。为了缓和一下,一位男宾说:"我希望我也能那样。"大家闻言都嗤嗤地笑起来……女主人犀利地加了一句:"给它块儿饼干,不就得了。"这下大家如释重负了,哄堂大笑起来。在这个笑话中,狗代表的是任意一个所谓的"文明"场合都有的淫秽阴暗面(obscene underside)。在昂贵的华服/美酒/佳肴和彬彬有礼的举止的伪装之下,潜伏着肉体的笑料、性器官等各种粗糙现实。社会观念和意识形态的出现,就为了掩盖这些现实。社会观念和意识形态毫不起眼,有如背景一般,但却控制着我们的生活。

把这一场景应用到今天的媒介景观中，客人的俏皮
IX 话——“我希望我也能那样”——就是社会可接受的幽默/意识形态，它们常常用来缓和尴尬紧张的局面。这好比话语意义上的避雷针——用来保持体面，疏导麻烦。相比之下，女主人却“火上浇油”。客人打破沉默，突然说了这么一句以缓和僵局，她却又顺着往下说，客人说话的效果都给抵消了。作为一名媒介分析师，齐泽克扮演的就是女主人的角色。他的媒介分析犀利入骨，而他把学术上的精神分析和哲学见解与粗鄙的幽默结合起来，又有一种出其不意的效果，这更加强了他分析的力度。齐泽克的分析使我们直面那些创伤性的话题，一直以来，我们对这些话题心知肚明，但却总是寻找各种越来越复杂的办法，来逃避对它们的思考。

揭示媒介隐藏的政治意识形态时，齐泽克的模式独一无二。可以借助他用过的两个关于睾丸的笑话来加以展示(稍做修改以适合这里的意图——参见 *Plague*:46; *Tragedy*:7)。第一个发生在一个东欧酒吧里。一个吉卜赛小提琴手穿梭在饭桌间，给客人唱歌。一位顾客在酒吧里喝威士忌，突然，一只猴子蹿出来，蹦蹦跳跳来到他面前，在威士忌酒杯里洗了洗它的蛋，然后又蹦跳着走了。顾客大怒，问酒保猴子做的这叫什么事儿，却被一句“问吉卜赛人，他无所不知”给打发了。当被问道：“你知道猴子为啥刚刚在我的酒杯里洗它的蛋吗?”吉卜赛人回答：“当然!”接着又唱了一首哀伤的歌：“为什么猴子刚刚在我的酒杯里洗它的蛋。这是个谜，至少不是

他的……”①第二个更让人不舒服的笑话，讲的是在中世纪一位俄国农夫和妻子一道走在乡间小路上，遇到了一位鞑靼骑兵，他强奸了农夫的妻子。骑兵欺上加辱，要求在他强奸农夫的妻子时，农夫必须捧着他的蛋，防止沾上路上的灰尘。骑兵终于绝尘而去，痛苦的农夫妻子突然发现丈夫喜形于色，这让她大为诧异。农夫解释说， X
他高兴，是因为他耍了那个家伙：他没有听从他的命令，让他的蛋沾上了土。对这样的笑话，典型的回应可能是：第一个有点色情，但本质上太离谱了；而第二个却极其令人不适，歧视妇女，用一个女性受害者的创伤来换取低廉的笑声（齐泽克言辞激烈地驳斥这一指责[2]）。然而，不越过笑话冒犯性的内容去理解，就会无视“笑话工作”(joke-work)②内容/形式相结合产生的深刻而重大的意义。

这两则笑话上演的是对政治事件两种截然相反的回应——**保守派无赖**（the conservative knave）的回应和**左翼傻瓜**（the left-wing fool）的回应。左翼傻瓜叫喊着要对抗，但这样一来，这些回应的真正效果反而加强了他声称要去削弱的那个体制。举例来说，如果在民主体制中提出“不切实际的”要求，政客们便会声称他们甚至允许激进的持不同政见者发声，这本身就证明了民主的力量。

① 在齐泽克《幻想的瘟疫》(*The Plague of Fantasies*)一书中，这则笑话中的吉卜赛人在酒吧里应客人点歌而唱歌，他误以为这位顾客问他的问题是顾客点歌的歌名。齐泽克称这是对意识形态最纯粹的诗意表达。

② “笑话工作”(joke-work)一词化自弗洛伊德的精神分析术语“梦工作”(dream-work)。

实践层面的事实是政治体系绝不会允许这种激进的行为超出一定的范畴,激进只限于象征领域,但这一事实却总是消失于民主的高贵责任感(noblesse oblige)的光晕之中。相反地,保守派无赖可以说就是随波逐流的右翼思想家,由于现在的体制拥有**事实上**(de facto)的地位,他们用自己的学识来消极地循环论证现行的体制是合法的(下面的言论中也体现了这样的情绪:"民主是最糟的政治制度——也就是说,与所有其他的选择不同。")吉卜赛小提琴手扮演的就是保守派无赖的角色。给他的是一个关于现实中的麻烦(威士忌酒杯里洗蛋的猴子)这样的实体性问题,他却把这个麻烦唱成了颂歌。一个需要面对和解决的行动话题被转变为一个无法解决的问题——这
XI 可谓不可逆的造化之鬼斧神工了。强奸的故事则描述了左翼傻瓜的作用。在现实语境中,"这个可悲的笑话表现了这些持不同政见者的窘境:他们以为他们在痛打党内要人(nomenklatura),但他们所做的一切无非是给要人的睾丸上稍微蹭了点灰,而统治精英们照样蹂躏百姓……"(*Tragedy*:7)。

这种误以为自己大权在握的感觉,准确地刻画出那种心态,即一些人士以为自己在对真正的现实存在的资本主义(Really Existing Capitalism)的达官贵人大加挞伐。即使在最关键的时刻,也很难把号称掌握话语大权的媒体评论家与党政官员区分开来。齐泽克的分析与这些妥协的倾向相反,他要揭露西方媒介体系的犬儒主义,这种犬儒主义的做法是,把类似海地发生的地震这样的自然灾害(威士忌酒杯里猴子的蛋)改写成伤感煽情的

歌，海地地震就被演绎为西蒙·考威尔(Simon Cowell)推出的一首赈灾单曲《全世界都受伤》(*Everybody Hurts*)①(吉卜赛人唱的歌)，如此一来，音乐公司兼职做了慈善。齐泽克与道貌岸然的傻瓜和犬儒主义的无赖不同，他鼓励我们对媒介的景观**斜目而视**(look awry)。就海地的案例而言，斜目而视有助于我们反思这几十年来，地缘政治阴谋是如何对贫穷国家的基础设施逐渐侵蚀，灾难中的人力成本由此又大大提高(但这在预料之中)，而这一切又被媒介虚伪地篡改为是上帝所为，无法违拗的。

齐泽克反对那种盲目乐观、自欺欺人的宽心话：有些人声称反抗和赋权，却仍然活跃在资本主义的核心地带，他们有证据，可以放心——但这不过是得不偿失的胜利，只相当于让强奸犯的睾丸上沾点灰罢了。作为当今之世的第欧根尼[犬(the dog)[3]]，齐泽克传承了哲学上的犬儒传统，通过揭露当权者不愿去思考的那些见不得人的地带，来揭露权力的装腔作势。他活脱脱地扮演了莎士比亚剧中的狗，小碟(Tray)、小白(Blanch)和甜心(Sweetheart)等角色，它们吠叫着警告李尔王(King Lear)他的权威已被架空；他与布鲁托斯(Brutus)②意气 XII 相投，“宁愿做条狗，对着月亮低吠，也不愿做这样一个罗马人”(*Julius Caesar*，Act 4，sc.iii)。晚宴女主人的调皮

① 《全世界都受伤》(*Everybody Hurts*)是由著名音乐评论人西蒙·考威尔推出的公益歌曲。

② 布鲁托斯(Brutus)，莎士比亚名剧《裘力斯·凯撒》(*Julius Caesar*)中凯撒的战友，深得凯撒信任，后为了捍卫自由而刺杀了凯撒。

和机智，还有狗搅扰舒舒服服就餐的人的捣乱能力，齐泽克兼而有之。因此，现在，我们再重复一次齐泽克在利兹大学（University of Leeds）的公开演讲中的那句简洁但又振奋人心的开场白，我见证了他如何以这句开场白引爆了人满为患的会场："让我们搞理论吧！"

注释：

[1]在古英语词源中，"bollocks"一词是解剖学中"睾丸"（testicles）一词的俚语。"狗的睾丸"（The dog's bollocks）这一表达指人们认为了不起的人或事物，与"the bee's knees"和"the cat's pyjamas"等表达类似。

[2]齐泽克在这个公开演讲（*http://www.youtube.com/watch? v=-GD69Cc20rw*）大约 37 分钟处对使用这一笑话的合理性进行了有力的辩护。

[3]希腊语中"犬"（kyon）这个词语是第欧根尼的犬儒（kynic 或者 Cynic）传统的词源。第欧根尼是在这个词诞生之前就践行这种情境的人，他当众排便、手淫，这样的举动曾震惊了雅典广场的人们。

致 谢

深深感谢给予我学术热情和学院精神的人，这类人越来越少，却仍旧铭记着大学之所是。 XIII

英国：

利兹——安·布莱尔(Ann Blair)、李嘉图·布劳格(Ricardo Blaug)、本·鲍林格(Ben Bollig)、艾力森·卡瓦纳(Allison Cavanagh)、马克·戴维斯(Mark Davis)、欧文·邓普西(Owen Dempsey)、山姆·杜兰特(Sam Durrant)、鲁斯·基钦(Ruth Kitchen)、伊丽莎白·彭德(Elizabeth Pender)、尼古拉斯·雷(Nicholas Ray)、蒂娜·理查德逊(Tina Richardson)、萨蒙·赛义德(Salman Sayyid)、德里克·司格特(Derek Scott)、大卫·托姆(David Thom)、西尔维娅·瓦特(Sylvia Watts)。

曼彻斯特——托尼·布朗(Tony Brown)、马赛厄斯·福克斯(Mathias Fuchs)、格雷姆·葛罗奇(Graeme Gilloch)、罗布·拉普斯雷(Rob Lapsley)、提姆·梅(Tim May)、卡西·皮尔斯(Cathie Pearce)、特里·斯皮克(Terry Speake)、特蕾莎·威尔基(Theresa Wilkie)。

利物浦——依玛诺尔·加尔法索洛(Imanol Galfarsoro)。

伦敦——理查德·豪威尔斯(Richard Howells)、阿什瓦尼·沙玛(Ashwani Sharma)。

美国:

感谢大卫·J. 贡克尔教授(Prof. David J. Gunkel)一直以来在专业及学识上给予我的支持和指导——祝君健康长寿!

XIV 感谢魅力四射的豪尔赫·舍门特教授(Prof. Jorge Schement)在感恩节慷慨好客的招待。

尼日利亚:

阿齐兹·鲁库曼(Azeez Lukuman),一位真正的绅士学者,与其为友是我的荣幸。

日本:

感谢浅野弘子(Hiroko)和浅野春树(Haruki Asano)。

特别感谢:

贾斯汀·戴尔(Justin Dyer)——感谢他对本书出色的编辑。

加雷斯·帕尔默(Gareth Palmer)——感谢所有那些糟糕的电影和比电影还糟的幽默。

西尔维娅·泰特(Sylvia Tate)——感谢她对我所有

的帮助、鼓励、热情，还向我提供了读不完的书单。

戴安·迈尔斯(Diane Myers)——感谢她诸多善举。祝贺胜利大逃亡，但请“带上我，我看得到”。

最后，感谢斯拉沃热·齐泽克(Slavoj Žižek)本人，及其对于纯粹的美怀有鼓舞人心的、本真朴实的爱意，向其对于理论的痴迷，致以深挚的感谢和崇敬之情——谢谢！

绪　论

“马克思大佬”，“文化理论界的猫王”，和其他媒介思想的陈词滥调

> 过去很多伟大的作家挺得过数百年的湮没无闻，但他们的著述能否经得起娱乐消遣的改头换面，这还不好说。
>
> [Arendt，1993（1954）：207-208]

1989年，斯拉沃热·齐泽克出版了《意识形态的崇高客体》（*The Sublime Object of Ideology*）一书，由此他在国际学术舞台上一举成名。如今他已是全世界文化理论研究领域无可争议的重要人物。他很会找乐子，人们会如何消遣前人的著述，阿伦特觉得不好说，可他却把各种方式都玩儿了个遍。如今，各个学科，上至神学，下至电影研究，学术圈内，学术圈外，齐泽克的书被广为阅读。齐泽克的学问取之媒介，用之媒介，范围颇广，影响颇深；他本人也频繁在媒体上抛头露面，故而齐泽克卓尔不群，不同凡响。他是纪录电影《齐泽克！》（*Žižek*！）

的原型，也是纪录片《变态者电影指南》(*The Pervert's*
2 *Guide to Cinema*)的主播，他定期写期刊文章，还经常出现在YouTube视频网站的短片中，出镜率很高，视频点击即可观看。齐泽克一出场，不管是说还是写，总是概念丛生，杂乱如麻，这是典型的齐氏特点。而且齐泽克骨子里总显得污秽低俗——有两个尤其典型的例子：一谈理论概念的灵活性或者弹性，他就扯括约肌；他还煞有介事地对厕所设计在国别差异上的文化重要性展开调查研究。[1]但这都是些表面现象，而且媒体节目都热衷于掐头去尾地节录一点原声言论，这种做法也夸大了他的这种形象。本书后续章节则要越过这些浮光掠影，研究齐泽克对意识形态运作过程的精准分析。这些过程潜伏在经大众媒体中介了的社会经验表层之下。它们似乎自然而然，一清二楚，但这样的特点恰恰悖谬地蒙蔽了这些过程。

资本主义媒介体系衍生为一个集合系统，其前提是普遍性决定特殊性(而商品是界定资本主义社会的普遍性范畴)。故而，个体媒介附属于一个总体媒介体系——我们刚刚数字化的景观社会。个性化特征常常受制、消融于这一附属角色中。因此，本书通篇专门将“媒介”一词用作一个单数集合名词，以便更好地描述个体媒介所具有的体系性的特征。体系特征影响个体媒介，个体媒介加强体系特征。如果媒介体系协调运作，交际行为中伴生的共性与个性间固有的紧张就可以被减弱。齐泽克雅俗互补的批判性分析主要有如下特点：

• 自始至终，通俗易懂。大众传媒中收集的例子，论证了晦涩艰深的理论,如黑格尔、拉康等思想家的核心思想。若无例子,这些思想则会令人望而生畏,很难领悟。对于深奥的前人理论和寻常的媒介知识,他均从 3
新颖的视角来解决。

- 笑料不断,实例频出。出自通俗文化的笑话和实例,阐释的却是复杂的理论话题——亦谐亦庄,或者正如托德·麦高文对齐泽克的言简意赅的概括:理解齐泽克,须知“通往严肃之路,遍布段子笑话”。
- 突破成规,耳目一新。今天的意识形态,无孔不入,人们对它见怪不怪。齐泽克对此的解读是反传统的。他专门挖掘那些(仅在表面上)浅显无奇的事物,从中洞察出我们这个媒介当道的时代的惊人实质,这超越了绝大多数同时代的思想家。

乍一看齐泽克在媒体中的形象毫不讨喜,但他有着绝对的表演热情,有着接地气的亲和力,像个不修边幅的大熊,藉此,他出人意料地成为媒体新宠,是弗洛伊德式的被压抑者的复归的化身——媒体时代抽象思想的活化石。齐泽克毛发浓密,动作夸张,口齿不清,操一口浓重的东欧腔,与那些常见的温文尔雅的媒体评论者(见第五章)或者像伯纳德-亨利·列维(Bernard-Henri Lévy)这样油头粉面的知识分子迥然不同。[2]媒介模式免不了人为矫饰,齐泽克一心要直击这一点,讽刺它,反思它,这也极不寻常。就这样,在拍摄纪录电影《齐泽克!》(Astra Taylor,2005)期间,他躺在床上搞访谈,身上裹着床单,让人想起古代一袭长袍的哲人;在纪录片《被审视的生

活》(*The Examined Life*, Astra Taylor, 2009)中，几位知
4 识分子走走游游地接受采访，唯独他突兀地站在垃圾堆上(还一度捡起一本人家丢掉的色情杂志说“我的神啊，这就叫色情”)；还有，在《新政治家周刊》(*New Statesman*)刊登的一篇文章里，配了这样一张照片：齐泽克席地而卧，头枕双手，咧嘴而笑，他的周围是秋天的落叶，铺洒得很艺术(Derbyshire, 2009)。

齐泽克一出场，举手投足乖张顽皮，堪称视觉冲击，这对于他提出的发人深省的激进问题，是一种补益。齐氏**理论游戏**(joie de théorie)富有感染力，不论他谈论的是动画片中荷马(Homer)的家乡斯普林菲尔德小镇(Springfield)[①]，还是史诗中荷马的伊萨卡岛(Ithaca)[②]。他一下子就从中规中矩的媒介评论员中脱颖而出，因为他能力非凡，能在各种媒介范式的学术束缚中，显得满腹经纶。我们明白不应过度推崇“反向种族歧视，而为这些来自巴尔干的他者身上那种异国情调的本真叫好。这只是塞尔维亚人的观念，他们自己觉得塞尔维亚人跟忍受压抑、缺乏活力的西欧人可不一样，他们对生活依然表现出极大的欲望(*Fragile Absolute*: 5)”。但我们仍有必要去感激齐泽克的功劳，他以极大的学术热情投入对大众文化的评论中，彻底背弃了传统知识分子那一套，露骨地

---

① 荷马和斯普林菲尔德小镇分别为美国动画片《辛普森一家》(*The Simpsons*)的男主人公(Homer Simpson)和故事的发生地(Springfield)。

② 伊萨卡是古希腊西部爱奥尼亚海上一个美丽的岛国。此处的荷马指伟大的古希腊诗人荷马。在《荷马史诗》中，伊萨卡是奥德修斯的故乡，奥德修斯也是伊萨卡国王。

反衬出学术圈里更为司空见惯的“热衷于不作为的怪癖”[Mills，2000(1959)：79]。一些没有学术资质的发言人兜售简单化的理论，令人生厌；而在另一极端，又有一些正经八百的学者并不反对“聊起荷马像说负债表，说到负债表又像在说荷马”(Davies，1996：23)，实在可悲。齐泽克灵活地规避了这两种常见的交际上的失策。从表面上看，他能做到这一点是由于他的“滑稽搞笑风”很顺应媒体，但实际上这得益于他非凡的才能。他能借助大量的笑话、轶事和惊人的例子来深入浅出地传达晦涩的概念性问题。他可能会把《雷鸟特攻队》(*Thunderbirds*)[1]里的宇航员维吉尔(Virgil)说成是那个古罗马诗人，而诗人的箴言“要敢于去动一动我们日常生活之下那些无言的基石！”(*Violence*：143)，成了齐泽克对当代媒介化生活进 5
行精神病理诊断时的座右铭，恕我冒弗洛伊德之大不韪。基石仍然“无言”，原因在于今天的意识形态化身为媒介形式，人们熟悉了，也就认同了。而齐泽克却鼓动我们用一种新鲜的、更为批判的眼光去审视那些习以为常的共识。

齐泽克有志于在大众传媒频繁露面，进行大量的时事新闻访谈，哪怕失手也在所不惜，他身体力行了萨缪尔·贝克特(Samuel Beckett)在《向着最糟去呀》(*Worstward Ho*)[2]中提出的理念：“再尝试，再失败，失败得好一些。”(*Lost Causes*：210)状态最好的时候，他能使观众感到醒

---

① 《雷鸟特攻队》(*Thunderbirds*)，英国科幻动画剧。

② 《向着最糟去呀》(*Worstward Ho*)是萨缪尔·贝克特(Samuel Beckett)所写的一部散文集。该书名戏仿了英国作家查尔斯·金斯利(Charles Kingsley)的作品《向西去呀》(*Westward Ho*)。

醐灌顶,唤起他们对一直以来知而不晓的事物的关注。状态最不好的时候,他呼啸而出的思想常被媒体规范所阻滞。媒体规范对其思想大刀阔斧地砍删,这是媒体运作模式中自然而然的环节。但即便这样,这些未尽之言对观众同样有所启发。哈姆雷特有言:“天堂和人间的事,是你的哲学做梦都穷尽不了的。”我们这个反智性时代的写照莫过于此。而同时,那些一本正经的知识分子们又反唇相讥,把流行文化视为一块不毛之地。齐泽克则截然不同,在一片他精心设计的欢声嬉笑中,齐泽克使得理论与我们媒介化的生活中貌似平凡无奇的内容携手同行。齐泽克巧妙地利用了文化工业(culture industry)的残渣碎砾。像弗洛伊德一样,他也认识到小说创作者是“宝贵的同盟军,他们做出了应被高度评价的见证。天地之间那一大堆我们的哲学还无法让我们去梦想的事情,他们却总是心知肚明”[Strachey in Freud,2003(1899—1919):viii]。齐泽克作品中无可争议的娱乐性质使其深刻的思考举重若轻——哪怕去掉“马克思大佬”和“文化理论界的猫王”这样老掉牙的名头。

注释:

[1]齐泽克论“概念的延伸”(2004e website);齐泽克论厕所设计(2004d website)。

[2]例如,可参考2008年齐泽克与列维(Lévy)在纽约公共图书馆(New York Public Library)的会面(见 *http://www. intelligencesquared. com/talks/violence-and-left-in-dark-timesbernard-henri-levy-and-slavoj-zizek*)。

第一章 变态的媒介化幽灵①

引子：理论的短路怪圈

> 精神从内部散发出来的**深邃内核**(depth)……仅达到一种**无知**(ignorance)，亦即不理解自己所说的东西，这便是高贵事物与低贱事物的结合体。同样的情况也以一种质朴的方式出现在自然界的生物那里，比如，最完善的器官亦即生殖器官就是与排尿器官结合在一起的。
>
> [Hegel,1977(1807):210]

> 在性方面，最高贵的与最低贱的总是联系最为密切的："从天堂经世界到地狱(vom Himmel durch die Welt zur Hölle)。"[1]
>
> [Freud,2001C(1901—1905):161-162]

齐泽克的英国电视纪录片《变态者电影指南》(*The Pervert's Guide to*

① 该标题"The Mediated Imp of the Perverse"，化自19世纪美国作家及评论家埃德加·爱伦·坡(Eegar Allan Poe)的短篇小说《变态之魔》(*The Imp of the Perverse*)，该小说探讨了叙事者的自我毁灭的冲动，以"变态之魔"作为这种冲动的隐喻和化身。正是这种冲动诱使人去做某事，而其诱因却恰恰在于此事不应该去做。

Cinema, Sophie Fiennes, 2006)表现了他具有个人风格的概念——变态分析。在对当代媒介景观的分析中,齐泽克大
7 量使用了变态、怪诞的笑话和时事案例,这是一种冒险。本来本质上非常严肃的话题,经这么一折腾,人们的关注点就放在了变态理论的重要性上,这种误会遮蔽并取代了这种分析本身在政治上和哲学上的重要性。与本章篇首所引的黑格尔和弗洛伊德的观点一样,齐泽克也认识到高贵与低贱相互构成的性质,而他是概念无缝切换的魔术师。他在高级的哲学/精神分析与低俗文化之间切换自如,两相对比,擦出映照的火花,启迪我们去思考那些见怪不怪、习以为常的话题[正如罗兰·巴特(Roland Barthes)所谓的“不言而喻的事物”(what gose without saying, 1973)和葛兰西的“常识”(common sense, 1971)]。在接触经由媒介灌输给我们的意识形态时,我们惯于以为那就是自然而然的事情,尽管也会觉得这有问题。齐泽克那些明显反传统的变态古怪的分析方法,其实与我们的这种心态高度契合,这对分析解决这类问题非常有效。本章就致力于探讨他应用这种分析策略的各种方式。齐泽克使用色情的例子,这得看作是他更加广义上的学术规划的一部分,他的学术规划汲取了批判哲学及精神分析传统来揭示天堂与地狱、高级与低俗等建构的符号象征和心理环境的二元模式。

在拉康的精神分析术语中,**变态**(perversion)不只是道德范畴的概念,它更属于技术层面。变态指不成比例地(disproportiorate)[2]过度依恋特定的秩序或欲望结构。卡尔·克劳斯(Karl Kraus)这样精炼地描述“变态”:“普天下谁还能比恋物癖者更幸福?他是为了女人脚上的鞋子才凑

合跟女人过一下日子的。”[Kraus,2001 (1923)：13 n105]过度依恋的典型代表就是恋物癖,与性有关的种种表现只是其中的一种。其结果是,“变态”这一术语在日常话语中已经不是其原本的意义了。如今,“变态”常常专门指在性方面的过度专注——这就是我们熟悉的变态者形象,他们的心理过度投注在某个特定的实体/物体上(如胶鞋、高跟鞋等)或者某种高度程式化的行为上(例如施虐、受虐行为)。 *8*
严重的变态者自然会有恋物癖,在他们看来,与人和人的关系相比,恋物比其他任何关系都重要,而性行为“正常情况下”只是这些关系中的一种而已。但如今提到变态,人们脑中的标准形象就是这种非常具体的、“道德败坏的”性行为形式。齐泽克特指的变态形式要与它区分开来。历史语境有助于更好地理解这一术语。诺布斯(Nobus)曾提道:“19世纪,有关性的法医学论述借用了这一术语……其意义源自其原初的社会宗教语境,在该语境下‘to pervert’(来自拉丁语的 pervertere 一词),指‘反转’‘颠倒’。”(Nobus,2006：5)若套用变态的语义看齐泽克,可以说他是属于保守派的。作为一个理论家,他首要的**存在之理由**(raison d’être)是在不断地对理论的应用中去颠覆传统的解读。他取自流行文化中的大量例子,无论多么有趣,都服务于激进的、反直觉的理论目的。他赞同拉康的看法,“精神分析从妄想症的幻想(fantasy)本身展开解读,这是这个时代迈出的重要一步”(Lacan et al., 1977:14)。

从精神分析的角度来分析齐泽克,可以说他并不像变态者(pervert),准确地说可将他类比于一个歇斯底里症患者(hysteric)。变态者认定自己是对的(这一点被其恋物行为反复地强化)，但歇斯底里症患者或理论家却只认定一个真理:知识本来就是含混不清的。如此一来，变态者就是“变态之圈套所捕获的主体”(*Ticklish Subject*:248)。正因此，那些谩骂齐泽克的人反而应该被批为变态，他们并没有透过齐泽克的理论表面上的色情内容看出其理
9 论洞见——他们有如变态者一般过度依附于学科、专业技术和框架。基于学科的学术研究貌似更为客观、周密，但其客观、周密是对可量化的数据采集方法的恋物癖，并以此作为合理观点的必要条件。齐泽克的做法是第欧根尼公然的下流猥琐举动的理论版，他常常“让普遍性直面其难以承受的真相，以此来践行具体普遍性(concrete universality)”(*Parallax*:13)。齐泽克延循康德的**先验幻象**(transcendental illusion)观念去思考那些通常被认为是无法中和的现象界问题，通过理论来制造一种“不可能的短路怪圈”(ibid.:3)。媒介由于过度的闭合性而悖论性地存在着景观迷失的问题，正如马歇尔·麦克卢汉所说:“发现水者绝非鱼。”这些短路怪圈是解决这种悖论的良方。

斜目而视阴暗街边的怪诞小推车

> 这些报纸中关于腭裂儿童的照片，我并不确知收集这些照片的买点和卖点在哪里，又是为了谁，但这些触目惊心的画面，如今再看到时我已觉得习以为常。反倒是有一天，我打开一本杂志，看到一个笑意盈盈、完美无瑕的婴儿照片时，我吓了一大跳。(Lewis,2009:126)

> ……你很清楚，熟悉的并非就是不重要的。但如果已经熟知的事物对你仍保有巨大的吸引力，对于你来说似乎是建立在一个错误的前提之上，那么它就会带来非常不同的影响。(Lacan,2008:7)

《斜目而视》(*Looking Awry*)和《视差之见》(*The Paral-* 10
lax)等齐泽克作品的书名也是他批判视角的写照。他就是这样去审视那些常被看作不证自明的、能够蒙蔽我们的再现方式。这也促使读者以睥睨的眼光去质疑那些以常规的方式对看似寻常的现象做出的解读。这就产生了一种反直觉认知。上文中提到的拉康的观点：要于寻常处看不寻常。同样地，刘易斯在描述杂志里的慈善广告所选取的那种照片时，也是不无讽刺、不无挑衅。这样，我们就可以洞察(这个特定案例中，确实是)在我们眼皮底下的没啥大不了的事情，而不去犯与那个工厂保安一样的错误：他怀疑一个工人偷东西。每天晚上，工人推着手推车离开工厂时，他都仔细搜查。结果什么也没发现，手推车永远是空的。最后，谜底揭开了，工人偷的正是手推车(*Violence*：1)。齐泽克认为，西方媒介尤其擅长在意识形态上虚张声势——其高明之处在于，正是要在“非意识形态”的媒介内容的伪装下，去感知意识形态的作用。如果在政治语境中坚持这种洞察的眼光，我们就会发现，在西方媒介话语体系中，民主的概念在充分发挥作用，充当着政治讨论的永恒背景(参见 *Totalitarianism*)。但对于齐泽克而言，说民主不可违反，这是可疑的；这就促使理论家“与民主这一概念保持明确的批判性的距离”(*They Know*：xviii)……我们需要“寻找从那些人

手中被偷走的手推车,当'毕竟民主环境下的情况要好一些'这样的口号在这些人耳边狂轰滥炸时,手推车就是在这当口被偷走的"(*Parallax*:378)。

齐泽克总是把我们熟知的那些事物的盲点展示给我们,因此他走的是精神分析的路子。尽管如此,这些真理却往往是我们最听不进去的。要明白这个问题的重要
11 性,可以稍微跑题说说"爱"这一话题。坠入爱河,好比两个个体在偶然因素的大海中得以相遇——除了亲朋好友安排的相亲,大部分人的爱情都始于偶然相遇,碰巧的同事关系,等等——在事后这些经历会被重新标注上"命运"这样的象征符号,辅之以"我们是注定相遇的灵魂伴侣"云云。但要让分析深入人心,就要克服这种非要为原本就是偶然的情景赋予意义的倾向。在精神分析的语境中,这种倾向表现为移情(transference)。在正移情中,接受精神分析的人对分析者的精辟见解投注敬佩、爱戴之情;而在否定性移情中,如果这些洞察引起了不适,则会造成怨恨之情。根据齐泽克的说法:

> 于是,精神分析主要的伦理诫命就是抵制象征化或内化的诱惑,在这种象征化的精神分析治疗中,接受精神分析者,可以说,倒回来经历了坠入爱河的过程:移情结束,就意味着治疗结束,此时,病人就能够洞察那些经历,围绕这些经历,他的生平故事之无意义的偶然被凝缩为一个有意义的整体(whole)。(*Indivisible Remainder*:94-95)

那些恶意中伤精神分析方法的人，言必称经验，但实
际上却悖谬地在情感上依赖（移情）于“有意义的整体”，
这个整体被严密的、可验证的事实和数据等经验赋予实
体性，这也是自相矛盾的。其结果是产生了“抽象经验主
义”[Mills，2000(1959)]。但要在媒介景观之中理解实际
生活中的（被媒体中介的）经验，这种经验主义没有多大
的用处。弗洛伊德把那些不愿越过移情阶段的人视同 12
“本质上还没有长大的孩子，他们拒绝以精神代替物质，
用诗人的话来说，他们只接受‘汤的逻辑，加点饺子就吵
吵’”[Freud，2001e(1911—1913)：166-167]。同样地，拉
康也鄙视这种适得其反的“严密方法”，拖它们后腿的是
它们本身迟钝的反应：“思想若不是过于依赖经验主义，
它就不会目瞪口呆地站在那里，等着事实给它来一次醍
醐灌顶。”(Lacan，2008：47)

经验主义者不待见精神分析，这中间的反讽意味在很大程度上是一种情感上的（否定性）移情回应。而精神分析本身，为了更为准确地描述和解释现实状况，尽管它关注的是情感范畴，但被一种要去超越情感的欲望所驱使。在精神分析追求的模式中，有经验因素，但却是我们在日常生活环境中常常感受到的那种预感性的经验效果。生活中有着我们无法证伪的、明明存在着的现象，我们直觉上确知它的存在，但常规的（社会）科学方法却无法验证它。所谓的经验主义方法，从本质上来说，根本无法解释这些现象，弗洛伊德和拉康都强调这一点。如果采用上述“饺子的逻辑”，美法两国肥胖症（obesity）问题

上相互矛盾的现象可说明经验主义与精神分析的方法的差异(肥胖症在美国很普遍,相比而言,法国饮食虽然富含饱和脂肪,但却没有美国那么严重的肥胖症问题)。经验主义的研究结论是,总体上,美国的餐盘尺寸更大——因而,在美国一份的量相比法国的更大,这是美国肥胖症很常见的一个重要原因(参见 Wansink and Cheney,2005)。因此,精神分析所做的事情是,把我们在某种程度上已经心知肚明的事情再提出来让我们明确地反思它,带来令人大吃一惊的效果。然而,过于经验主义的思
13 考,由于拘泥于方法则显得死板迂腐。它不仅胆敢告诉我们一些我们已经心知肚明,而且对被提醒并不感到惊讶的现象——这个例子中,就是那让人无语的结论:美国肥胖症比例超高,起因是美国人总体上……吃得太多了。

有一个虚构的故事,讲的是一个警察看见一个醉汉在路灯下找车钥匙,钥匙是在马路对面黑乎乎的另一侧丢的。警察问醉汉为啥在错的地方找,醉汉反唇相讥:"因为这儿才有光呀。"醉汉好比那些媒介分析师,他们觉得周密严谨的研究方法,比要分析的情境中那些黯淡的地方更重要,哪怕那里肯定藏着能让我们看得更清楚的"钥匙"。而警察好比精神分析师。没有光,寻找就有难度,因此无视钥匙的真正所在,对于这样的智慧他是质疑的。醉汉的刻薄也反映了公众对精神分析常有的抵制态度,卡尔·克劳斯(Karl Craus)在其评论中辛辣地概括了这一点:"精神分析正是精神分析自己号称能治疗的病。"(Szaz,1990:24)然而,与此相对,还有一个危险,尤其与齐

泽克这位学术“大咖”有关，那就是把这位魅力四射的理论家理想化，觉得他无所不晓。不管是哪种情况，“不管对分析师是褒是贬，结果都一样：神经症（neurosis）并没有被分析所影响”（Thompson，1994：184）。意识到正反这两种对于精神分析的排斥形式，本书还是要更新一下某些部分，这是别的分析方法做不到的（如同让路灯下的醉汉饮一杯他常饮的那种名牌啤酒提个神）。齐泽克对下里巴人的低俗流行文化进行了阳春白雪式地追问，得 14
出的认识普遍都是创伤性的，但人们并不情愿面对和处理这种创伤，这就是对此的移情反应。齐泽克激进的**唯物主义神学**（materialist theology）的根基在于直面现实，不做虚妄的抽象，同时要认识到现实关键的一面在于其非物质性，但同样拥有强有力的力比多冲动和欲望。

媒介精神病和神经症：未知的已知

> 神经症特有的矛盾心理主要关涉并局限于文学、文化教育和纸媒中——当然也扩及它们的一些可视形式、图片及影像——尽管如此，真正见识过“现场直播”的媒介技术手段的唯有精神病。同样，尽管变态是神经症的一个普遍接受的底片形象，但大众传媒展现出的却是变态与精神病的关系。这种大众媒介拟仿了一种集体心理，那就是伸手打开“现场”直播——扭头就把它转变为监控装置。（Rickels 1990：50）

他为糊涂的大众(distracted multitude)普遍爱戴,

他们喜欢一个人,不用头脑,只用眼睛。

(*Hamlet*, Act IV, Sc.iv)

精神分析的诊断方法关键在于洞察症状性的行为。弗洛伊德将其定义为“正如我们所说,那些行为是人们自动地、无意识地、无意间或者在分心的时候所做的行为”[Freud,2001c (1901—1905):76]。值得注意的是,本雅明在其论述早期媒介技术对文化影响的开山之作《机械
15 复制时代的艺术》(*The Work of Art in the Age of Mechanical Reproduciton*)中,也把貌似简单的**分心**(zerstreuung)这一术语作为人们体验媒介技术的关键感受模式,但在此还比较浅显模糊。精神分析在此基础上,进一步提出了媒介的两个更深层次的症状:神经症(neurosis)和精神病(psychosis)。用弗洛伊德的话来说:“……神经症并不否认现实,只是无视现实;精神病否认现实,并想方设法要替换它。”[Freud,2001f(1923—1925):185]现代媒介景观是这些心理状态的聚合,其各种不同的模式以复杂的方式组合起来,在引文中提到的,里克尔(Rickels)把精神病与技术型媒介结合起来,就反映了这一点。媒介景观在本书通篇所探讨的各种层理结构的观念中都有体现。一方面,我们知道它们不过是些景观;另一方面,在许多情况下,它们似乎是真实的,而我们不过是装作自己假装相信(pretend to pretend to belive)它们无非是再现——尽管我们可能会说,就实际行动而言,我

们只是权当它们是真实的罢了。

弗洛伊德认为，神经症最典型的特征就是无法调和现实与幻想之间的较量，这是人类摆脱不了的状态。事态到了这个地步，“假使梦寐以求的幻想真的成为现实，他们反倒会逃避；而无须担心会实现的，他们却又转头沉溺于幻想中”[Freud，2001c（1901—1905)：110]。对于齐泽克而言，精神分析是一种重要的理解方式，个体如此，媒介景观整体上亦如此。例如，从齐氏视角来看，美国政府在“9·11”事件后凭着一个抽象名词（反恐战争）宣战，这是行动（acting out）和**动作宣泄**（passage *à* l'acte)[3]的混合——这是世界军事最强国无力面对现实与再现之间的神经症的关系而表现出的症状： *16*

> ……行动本身……恰恰是暴力性的**动作宣泄**的反面。什么是**动作宣泄**？也许，我们能在保罗·施艾德（Paul Schrader）和马丁·斯科塞斯（Martin Scorsese）执导的电影《出租车司机》（*Taxi Driver*）中的一幕找到最透彻的表达。在这一幕中，特拉维斯（Travis）[罗伯特·德·尼罗（Robert De Niro）饰]最终对那个皮条客开火了，他要拯救皮条客手上的姑娘[朱迪·福斯特（Jodie Foster）饰]。这一动作宣泄中，最关键的是其中隐含的自杀维度：当特拉维斯为他的刺杀行动做准备时，他在镜子前练习掏枪的动作；在堪称该片最有名的这一场景中，他对着镜中的自己问了那句凶狠又傲慢的话：“你是在跟

> 我说话吗?”这是对拉康提出的“镜像阶段”概念近乎教科书一般的示例。在此,凶狠明显是针对自身的,是针对自己的镜像。在他枪杀妓院一众人等那一幕的最后,这一自杀维度再次出现。特拉维斯身受重伤,倚靠在墙上,用右手食指比划成枪的样子,瞄准自己血迹斑斑的前额,假装扣动了扳机,似乎在说:“我要打的正是我自己。”(Žižek,2005a website)

早在“9·11”事件这一悲剧发生的四十年前,就已经有关于这种全社会范围蔓延的神经症的预见性描述,丹尼尔·博思丁(Daniel Boorstin)在他的《形象》(*The Image*)一书中写道:

> 世界各国,唯有美国特立独行地打造自己的形象,不照抄任何国家。这是一块充满惊喜的土地,是充满无限希望的田野,是理想的国度,是至臻至善的乐土。因此,我们不宜给自己套上种种形象。但为了向世界兜售美国,我们
> 17 有意无意地塑造着各种形象,它们终会回来,阴魂不散地困扰我们,诅咒我们,这是再合适不过的了。[Boorstin,1992(1961):245-246]

齐泽克发现了美国人在“9·11”事件这一历史转型时刻所面临的一个基本抉择,他们要么选择进一步退回

到已经自我封闭的幻想圈,“但这会使他们更加敌视咄咄逼人的外界(Outside),简而言之,就是发泄迫害妄想情绪。要么最终选择冒险跨越那层把美国与外界世界(Outside World)分离开来的幻想的屏幕,从而抵达实在界(the Real world)”(*Desert*: 49)。媒介对于“9·11”事件后美国入侵伊拉克的报道,暗示了美国并未跨越这层假想的屏幕。诸如《那时那地》(*Over There*)、《杀戮一代》(*Generation Kill*)等超现实主义电视剧及《绿区》(*Green Zone*)、《拆弹部队》(*The Hurt Locker*)等电影,细致露骨地刻画出伊拉克平民的生命是多么廉价,在美军眼中,他们永远是危险的他者(Other)。尤其可把电视节目视为媒介操控下的一种神经症行动,战争的暴行在此被升华包装成娱乐形式,一下子从脚踏实地的现实飞上了天空。诚如居伊·德波(Guy Debord)的表述:“……历史本身如同幽灵一般困扰着现代社会,因为伪历史在对生命的消费中无所不在,建构伪历史,就是为了替当下的凝固的时间维持它危机四伏的平衡。”[Debord,1977 (1976):N200]

精神病要再建构一个虚拟现实,其中妄想症要摧毁的目标就是外界。媒介在此所起的作用可见于维基解密(WikiLeaks)最近公布的一段美国军方在阿帕奇直升机(Apache helicopter)上拍摄的机密影像(参见 Collateral Murder, 2001)。当时该阿帕奇攻击机发起进攻,用机关枪扫射打死了一群伊拉克平民,其中有两人还是路透社记者。第一轮射击刚结束,一个伊拉克平民开着小货车赶到现场,车前排还有两个小孩,他们要去收尸、救护伤员,他们也被枪杀了。下面的文字转录是两轮射击之 *18*

后士兵们所说的：

04:31　噢耶，看看这群“死杂种”。
04:46　不错。
04:37　2-6；疯马 1-8。
01:44　好。
……
16:49　罗杰，我这里有……呃……11 个在行动中被打死的伊拉克人。一个小孩受伤。完毕。
16:57　罗杰。啊，该死。哦，好了。
17:04　罗杰，我们需要，我们需要……呃……紧急撤离一个孩子。啊，她肚子上有一个……呃……一个伤口。
……
17:46　把孩子带到战场上来，这可是他们的错。
17:48　就是。

这个小片段展示了从精神病到神经症的变化过程：从对杀戮的精神愉悦到神经质地逃避自身行为所应承担的道德责任。打伤了孩童，人们只是敷衍地承认，接着就试图逃避现实：“把孩子带到战场上来，这可是他们的错。”看这段影像时，西方人视角的主要问题在于，尽管他们也许没得士兵们那样的精神病，但是要同景观社会已无可救药的神经症划清界限，就没有那么容易了。在这里，画面再糙，也能很快被包容、被接纳。我们是“分心”的诸众，控制我们的，是眼睛，而不是大脑，对于媒介化的精神病我们敷衍一下，然后就不了了之了。德波写道：“在颠三倒四的世界中，真实只是错误的一个瞬间。”[Debord，1977（1967）：N9]这样，《附带谋杀》(*Collateral Murder*)的视频名副其实地是具有创伤性的，它展示并且 19
滋养了一种文化。这种文化能够把这样的创伤融入电视节目、电影以及“互动型的”电脑游戏中，如《战地：叛逆连队》(*Battlefield：Bad Company*)和《法鲁贾六日》(*Six Days Fallujah*)，这是最让人焦虑的。

按照齐泽克的分析，媒介的伟大事业（causes célèbres)都是欺骗性的。它们让我们想起那些我们已经知道，但往往神经质地不愿承认的事情，这给我们带来了焦虑感。而其欺骗性在于，凭借明显与众不同的特点，它们能够蒙蔽这一过程。因而，阿布格莱布监狱(Abu Ghraib)那些臭名昭著的照片，会“让熟悉美国生活方式的人想起美国流行文化中色情的阴暗面”(Žižek，2004a website)，但这一点还没有被充分认识。齐泽克论述道，这些照片反映的现象与时常见诸报端的中学和部队里的霸凌事件是一回事儿。为了加强他的观点，他引用了唐纳德·拉姆斯菲尔德(Donald Rumsfeld)如今“广为人知的”评论：

> “有已知之知(known knowns)，即有些事情我们知道，对此我们心里也有数。有已知之未知(known unknowns)，即有些事情我们不知道，对此我们心里也清楚。但还有未知之未知

> (unknown unknows)，即有些事情我们不知道，对此我们心里也不知道。”他忘了说的是最关键的第四条：“未知之已知(unknown knows)”，即有些事情我们已经知道，但我们内心对此却没数——确切地说，这就是弗洛伊德的无意识，也就是拉康常说的“不知之知”。
>
> 拉姆斯菲尔德认为，在这场与伊拉克的对抗中，主要危险属于“未知之未知”，也就是说，威胁来自萨达姆(Saddam)，而他到底是什么人，我们甚至都不能质疑。如果是这样，那么阿布格莱布监狱丑闻的主要危险就属于“未知之知”——背弃信仰，主观臆测，淫秽丑态，等等。我们佯装不知，哪怕它们正是我们公共价值观的背景。(Žižek，2004a website)

20 拉姆斯菲尔德的评论启发了齐泽克。他对媒介的分析揭露的正是这些“**未知之知**”，这也是在德波对景观的定义基础上的扩充。德波对景观的定义简明扼要，“对生活具体的反转……无生命体的自行运动”[Debord，1977(1967)：N2]。当代景观社会日常宣扬的都是寡廉鲜耻的信条，就好比泰格·伍兹倾听亡父(尽管他名字只是个伯爵，跟国王沾不上边)①遗言的那则耐克广告一样，用莎

① 泰格·伍兹的父亲名为厄尔·伍兹(Earl Woods)，因为这里将这一广告类比于莎士比亚的悲剧《哈姆雷特》中哈姆雷特倾听亡父(丹麦国王)的亡魂对他讲话这一情节，故而作者套用其名字“厄尔”的字面含义“伯爵”，来暗示这一类比。

士比亚和马克思的话来说，这些幽灵们就是那些资本主义的"非生命"形式，它们用娱乐和奇观困扰着我们，其中无生命的劳动力就是一个个意象，它们累积重叠着，和商业广告一起对活着的人作祟。这不仅是我们的幻想，也不仅是我们揉进心灵之眼里的一粒沙子，而且是一个不祥的鬼影，它生动地浓缩了"未知之知"是如何展现自我的。在当今社会，它就是伍茨在耐克广告中表演出的那种"尽管去做"(Just Do It)[1]的风气，因为公共关系的表演才是关键。

放虎出林[2]

> ……精神分析学家们"喜爱哈姆雷特好似猫咪喜爱线团"。(Holland，引自 Muller，1980：147)
>
> (奥菲莉亚)在主人公以自己的实际行动迈向那致命的约会这一过程中起到了关键的过渡作用——这一行动是他做出的，但在某种意义上，也是他不顾自我的体现。从某种程度上来说，主体的命运纯粹是由一个能指而决定的，他仅仅是自己尚未拥有的信息的反面。(Lacan et al.，1977：12)

---

① "尽管去做"(Just Do It)是耐克公司的广告语。

② 原文标题为"Getting a Tiger out of the woods"，化自泰格·伍兹的名字"Tiger Woods"。

2010年4月7日，星期三，电视上首次播出了一则耐克广告，拍得很艺术，黑白片，镜头是泰格·伍兹的正面
21 特写，他面无表情，听着亡父的声音。泰格木然而立——如同一尊静默的“尽管去做”的丰碑。但是与本书中无处不在的意识形态崇高客体们一样，为了让我们继续“尽管去做”，他却迟迟不做。泰格·伍兹全力以赴鼓动我们“尽管去做”，做得太过了，阉割自满情结(castration complacency complex，见下文)见状也把手伸得长之又长，甚至都伸到坟头上了——泰格和观众一道听到的是泰格亡父的声音。利奥·洛文塔尔(Leo Lowenthal)[①]指出：“大众文化就是精神分析的反面。”[Jay，1996(1973)：173]正由此，厄尔·伍兹(Earl Woods)说道：“泰格，我生性易对事物好奇，这能促使我多与人交流。我想搞明白，你的想法是怎样的，你的情感又如何，你又学到了什么？”当他说这番话时，他其实是在扮演精神分析师的角色。熟悉霍兰德那句关于猫咪的玩笑话的人，难免会一下子发现，上文提到的拉康对于哈姆雷特所处境地的解读与这则广告之间有着共鸣。

按照拉康的分析，哈姆雷特在行动时是“不顾自我”的，“他的命运是由一个纯粹的能指所决定的……他仅仅是自己尚未拥有的信息的反面。”哈姆雷特和伍兹都在一场戏中戏进行表演——**“动作(表演)按摩”**(le massage *à* l'acte)，在这一过程中，哈姆雷特设法通过圈套来证实继父的罪孽，而耐克则用公共关系的“阴一手、阳一手”，来

---

① 利奥·洛文塔尔(Leo Lowenthal)，德国社会学家。

躲开纠缠伍兹的"美人计"(媒体对一个在外打球的高尔夫球手的桃色报道)。然而,关键的差异在于,哈姆雷特不得不为继父的淫乱复仇,而在耐克的改编版本中,厄尔·伍兹的亡魂的咏叹,意在让其子补赎他多有曝光的罪孽。哈姆雷特常常被当作拖延症的代名词,于是我们总是忽略在这部剧中他又有多少次莽撞行事——第一例证就是他杀死了波洛涅斯(Polonius)。在为父报仇这个关 22
键问题上,他满腹狐疑,痛苦不堪,追问自己迟迟不采取行动的原因"……是/猪狗不如的健忘,还是懦夫的重重顾虑/让我对这件事思前想后"(Act IV, Sc.iv),才没有"尽管去做"。相反地,懦弱的团队对这一公共关系事件反复斟酌、深思熟虑,耐克广告就是用来补救那些猪狗不如的早被忘到脑后的莽撞行为的。

社会媒介会过滤个体的行动和自我认同,泰格·伍兹就是其明显例证,多次见诸媒介报道。大他者(the big Other)指一种非物质的、但又对建构社会有深远影响的思想和价值观念的集合。为了阐述大他者的精神分析作用(见第三章),齐泽克反问道:

> 象征效能(symbolic efficiency)是什么?我们都知道那个老掉牙的、被讲滥了的笑话。一个疯子,以为自己是一粒谷子,好不容易被治愈,送回家,他却立马又跑回精神病院,向医生讲述令他恐慌的事:"路上,我碰到一只母鸡,我怕它会吃掉我!"医生惊呼起来:"你又怎么了?你知道你不是谷子,而是人,鸡咽不下去一个大

> 活人!”疯子回答说:“是的,我知道我已经不再是谷子了,但鸡知道吗?”(Žižek,1997a website)

拉康区分了传统悲剧和现代悲剧的主人公。前者如俄狄浦斯(Oedipus),其悲剧在于他对命运茫然不知而去行动[或如奥赛罗(Othello),他无知且嫉妒成性];后者如哈姆雷特,他的悲剧却在于,他知道自己的行动会给自己
23 和他人带来严重后果。束缚住哈姆雷特手脚的并不是无知,他的难题在于如何知之而为:“有知之人确实处于危险境地,要么败,要么伤,他只能装疯卖傻,甚至如帕斯卡尔(Pascal)所说,大家一道疯。因而,我们或可把装疯称作现代主人公策略的一个维度。”(Lacan et al. 1977:12)作为拉康所提出的这一模式的升级版,泰格·伍兹这样的人物代表了最近的后现代媒介的主人公,他们与观众一道,装疯卖傻,而这是社会的通病。这就是齐泽克反复强调的当代意识形态形式。人人都说对此形式了如指掌,但做起事来却又好像浑然不知——我们装出一副假意信奉的样子,最终结果就是一道媒介景观,这一景观遍布着各种自然化了的糟糕信仰。用拉姆斯菲尔德绕口令式的话来说,我们只能沦落为这样一个媒介环境中的过客,在此,鸡是否知道他不是一粒谷子无关紧要,要紧的是,鸡知道我们知道他知道我们知道。齐泽克把精神分析与哲学方法结合起来,这十分有利于揭示媒介运作方式的实际本质,原因在于,他热切地追求真理,绝对地追求真理的全部本质,如今,真理浮现于与经媒体层层中介后的各种复杂形式中。

媒介穿刺工作与朵拉的麻烦

> 我有帽子，但我没有兔子。(Žižek in Bowman and Stamp,2007:xvi)
>
> 弗洛伊德的移情思想具备一种弹性，没有想象力，很难捕捉到它。(Thompson,1994:193)

精神分析过程中所说的内容从经验角度来看是可靠 24
的。但如果把这种可靠性当作精神分析过程中挖掘出的深层真理，那就是对精神分析方法标准的过度望文生义的误读，这正是汤普森所指出的问题。当今社会借助形式来传播意识形态效果，在分析这个问题时，齐泽克与他人相似，都采用精神分析的笑话工作(joke-work)和梦工作(dream-work)，但他的媒介分析能够在他人止步的地方继续下去。精神分析的基本原则是绝对坦诚，除此之外，还要求弗洛伊德所说的 Durcharbeitung——穿刺工作(working through)。我们在接下来的章节中会反复看到，需要付出这种努力。原因在于，仅知道我们对真理的各种不同的抗拒形式是不够的(我很清楚，但是尽管如此……)；假使我们的目的是要克服这种对真理的抗拒，或至少是负责任地与这些棘手的抗拒形式达成和解，我们就还要学会真正拥有这些抗拒模式，并对于我们采用的模式了如指掌。接下来的几个章节论述了各种崇高客体、各种意识形态进程的问题出在哪里。问题就是，它们打着为我们的旗号，这样一来，我们就理所当然地既不去对我们媒介化了的日常生活做穿刺的工作，也免得对其承担责任。媒介理论家们抗拒齐泽克所倡导的穿刺工作，他们实际上重演了弗洛伊德的第一个重要案例：朵拉（Dora）的例子。朵拉没有按要求去做穿刺工作，余生的时间，她更多地耽于幻想，而没有投入将幻想拉回与现实的恼人的关系之中，这尽管痛苦，但却是必要的。

对于一些评论者而言，齐泽克只关注幻想的意识形态作用，不顾具体实际的解决办法，这是不可接受的，哪怕他的分析再精准。正因此，克里奇利（Critchley）总结齐泽克对当代媒介"幻想的瘟疫"（plague of fantasties）的
25 评析，在回应齐泽克声称他有帽子，没有兔子这一说法时，克里奇利评论道：

> 现实是由信仰建构的，这信仰是一种明知其虚幻，却仍深信不疑的忠诚。这是一个振聋发聩、一针见血的见解，但我的问题是，而且始终都是：我们拿这样的见解怎么办？……我的问题是：兔子在哪里？如果我们想让兔子生兔子，我们至少得有一只兔子，或许更多。（Critchley in Bowman and Stamp，2007：xv and xvi）

在此，克里奇利在理论上的说辞就好比对中世纪药师的谩骂，骂他既然给不出急救方，为何要确诊黑死病的病例。尽管齐泽克可能在现实问题的解决方法上有所欠缺，但他认识到了幻想的建构力量，这比那些虽然更为冷

静,但在政治上却过于乐观的邦格罗斯式的(Banglossian)①诊断更为现实,虽然这很吊诡;正如齐泽克的论述:“我们需要的是对兔子生兔子的具体分析,而非有只兔子总比没有强这样的廉价修辞。”(ibid.:204)齐泽克的媒介分析法为媒介景观无所不在的同时性引入了它所迫切需要的瞬时性因素,这与他使用的精神分析法一脉相承。资本主义媒介能够像兔子一般地自我繁衍再造,因此它赋予“基于现实”(reality-based)的模式以特权。但齐泽克却并不鼓励我们追着兔子跑,而是鼓励我们退后一步,把失控的繁殖当作真正的问题去思考一下。齐泽克不建议伪行动的假安慰,它创造的是误导性的政治进步景象——一种耐克式的伪哲学营销运动——“尽管去做”,这一运动说到底是一种已远远超越运动品消费的社会心态,其目的是要耀武扬威地把国家政体阉割去势。

阉割自满情结:两个政党象征符号的变态故事 26

> 托尼·布莱尔(Tony Blair)的斗犬阿拉斯泰尔(Alastair)东嗅嗅西嗅嗅,扒拉出一个丑闻。他的日常工作就是把不受待见的新闻批为“胡说八道”“一派胡言”和“夸大其词”,然后抹去。(Danchev,2005:247)

① 邦格罗斯(Bangloss)是法国启蒙思想家伏尔泰(Voltaire)的小说《老实人》(*Candide*)中主人公甘迪德(Candide)的老师,他是一个坚定的神义论者。Banglossian 一词后被用于指过于乐观,认为一切都趋于至善的态度。

在精神分析理论中，阉割是一个专业概念，指的是人进入象征秩序时伴随着的不可避免的损失。语言使得我们可以描述现实，而与此同时，正是交流行为本身，在我们与对纯现实的直接体验之间拉开了距离。例如，“树”这个词很有用，有了它我们可以谈论所有的树，但同时，由于我们使用了通用术语，每棵树所具备的独特性就丧失了（被阉割了）。当我们进入象征秩序时，我们明显得到了许多，但我们也牺牲了一些东西。就媒介而言，这种损失的程度和其操纵下的遮遮掩掩的程度常常被低估。例如，在 1997 年英国大选期间，彼得·曼德尔逊（Peter Mandelson）[1]时任英国“新工党”联络理事会的领导人（也就是之前传统意义上的社会主义政党，更通俗的说法就是“工党”），他曾对阉割问题有一个很有意思的政治视角的论述。专门小组向他反馈说，人们认为新工党无力保卫英国以脱离欧盟的政治劫掠。对此，

> 曼德尔逊决定展示一下他的秘密武器——
> 这是他自己的说法：在他珍爱的工党选举宣传
> 中，以斗牛犬“菲茨”来凸显这场运动中强健的
> 27 英伦气象。但有一个方面没能让他满意。BMP
> 广告公司发函提醒说，狗的睾丸隐约可见，是否
> 需要将其遮掉？“需要”，曼德尔逊在函件上写

---

① 彼得·曼德尔逊（Peter Mandelson），英国工党政治家，他与托尼·布莱尔及戈登·布朗等人被视为把工党在 20 世纪 90 年代重新塑造成“新工党”的关键人物。

> 道。正如曼德尔逊后来所说，它是一条“最新工党的狗”。(Macintyre,1999)

当杰西·杰克逊(Jesse Jackson)[①]提到阉割时，他是动真格的，那情绪真切可感。有人听到他在电视演播室里谈论奥巴马总统，他说道：“我要剁了他的蛋。”(CNN,2008)而上文中阿拉斯泰尔·坎贝尔(Alastair Campbell)有人所共知的语言天赋：言必称睾丸。曼德尔逊与他们都不同，他的阉割模式，目的是要剔除一切能勾起这种世俗现实的东西，这个俗物有可能玷污他在媒介上可谓完美无瑕的媒介政治广告——试想在一个宴会派对或政治派对上，龌龊地出现狗的睾丸，“那么，这就是曼德尔逊脑子里工党该有的模样。一个骄傲而爱国的畜生，不过它没蛋”(O'Farrell,2001)。

西奥多·阿多诺(Theodor Adorno)是法兰克福学派的批判理论家，他的说法值得一记：真正的“艺术作品无欲而超越羞耻，文化工业淫荡而一本正经”(Adorno,2001:10)。换言之，容易再现的事物，比如性，现代文化可以心安理得地将其解释得一清二楚。但相反地，人类生活状况中很难清晰表现甚至最终无法再现的方面，比如亲密关系带来的全部影响和责任，却神经兮兮、欲言又止，而性不过是这种关系的一个部分而已。曼德尔逊的例子是阿多诺这一箴言中“淫荡”因素的一个政治变形物。在担任专管商业、创新、技术的国务大臣(实际上在

① 杰西·杰克逊(Jesse Jackson)，美国黑人民权领袖。

政治权力上仅次于首相)期间,曼德尔逊的做法向我们展示了,对于狗的睾丸假正经,与淫秽表达的能力确实是一
28 回事。英国新闻国际公司(News International)的小报《太阳报》(*The Sun*)[1]决定不再支持新工党,曼德尔逊一怒之下骂了该公司领导,并且说到"屄"(cunts)。有记者问起时,曼德尔逊承认说他用了一个字母 c 开头的单词,但那个词是"笨蛋"(chumps)——这一解释把原本的女性生殖器这一词义给改了,相比之前将多余的睾丸做符号学处理,这二者可相媲美了(参见 Channel 4 News,2009; Guardian Mediamonkey,2009; Pickard,2009)。在英国政治中,曼德尔逊起的作用是意识形态爆发的官方润滑剂,因而,他用了令人惊愕的词,从而被抓住把柄,这是媒介控制的罕见失误,尽管这个把柄很快就被巧妙地补救了。相反地,他的继任者阿拉斯泰尔·坎贝尔作为新工党联络理事会主任,就直接体现了新工党修图时所体现出的见不得人的那一面。坎贝尔被广泛认为是小说人物马尔科姆·塔克(Malcom Tucker)的化身,他活脱脱地就是英国电视讽刺剧《幕后危机》(*The Thick of It*, Amando Ianucci,2005)及后来的好莱坞电影《灵通人士》(*In the Loop*, Amando Ianucci,2009)中走出来的那个"毒舌"的苏格兰新闻发言人,辞藻之丰富让他臭名昭著,他就是齐泽克观念的活化石:淫秽而见不得人的那一面并非权力结构碰巧的副产品,而是它直接的产物。尽管

---

① 《太阳报》(*The Sun*)是富商默多克拥有的新闻集团旗下的一份小开型日报。《太阳报》是全英国销量最高的报纸,2004 年后期该报的每日发行量达 320 万份。

这是一个比喻，坎贝尔特有的粗鄙脏话（见上文引文），等于让我们又一次见识了曼德尔逊是多么急于掩盖政党之狗的生殖器。

曼德尔逊的盎格鲁-撒克逊粗口被他巧妙地化解了，电视和纸媒都不遗余力地报道这一点。这干扰了我们，我们因而没有注意到其中更为重要的、淫秽的政治行为。愚蠢的乡下人自欺欺人，以为再怎么说，他有“蛋”，孔武而有力。与此不同，曼德尔逊却为了谋利而无赖地修图，这标志着他对整个政党方兴未艾的阉割活动的早期阶段——他实在而又痛楚地阉割着这一传统意义上的社会 29
主义工党，把它重新包装成有市场效应的、听起来满是洗衣粉品牌意味的“新工党”。这次更新换代，采用了一朵红玫瑰作为新政党的党徽，引进这朵花让人宽心，它的红色“不幸地”让人想起历史上的那些政治运动，人们要从根本上解决资本的权力问题，并对此毫不讳言。拉康指出，无赖的意识形态模式有一个重要因素，那就是表现自我的方式：“……那就是扮演他实质上所是的那个角色，也就是说，一个‘无赖’。换言之，用所谓的现实主义手法把他的表现造成的后果抛在面前，他不会畏缩；亦即，如果要求他承认，他会承认自己是个混蛋。”（Lacan，引自*Plague*：45）然而，媒介观众的解读能力越来越强，这要求拉康更新他的见解。如今含蓄的无赖承认自己是无赖的方式更为复杂。这不再简简单单地是我们对坦然认错的推崇问题，也不是说任何率直的否认就自然能让人信服，而是我们如今崇尚的是巧妙地消除那些明摆着的事——这就是当代媒介的**阉割自满**（castration complacency），曼德尔逊用过的“笨蛋”(chumps)就是其中一个例子。在这一特例中，我们欣赏着曼德尔逊的“符号胡说学”(symbollock)在媒介操作上的无赖技术，付出的代价是，我们与原本看到的工党的政治实质渐行渐远。

真情实感在一瞬间涌入自满情结，由此，标志着新工党规划终结的重大时刻应运而生了。搬起石头砸自己的脚，抓起话筒说自己的错话(hoisted by his own microphone)[1]。在2010年英国大选活动中，有人听到不日将下台的时任首相戈登·布朗(Gordon Brown)，在为电视宣传设计的亲民活动后，骂了一个直言不讳的投票人。布朗与一个名叫吉莉安·达菲(Gillian Duffy)的毕生支持工党的老妇人进行了一场谈话，谈话虽稍有不快，但基
30 本还是有礼有节的。有人听到，布朗一回到他的车上，就把老妇人骂做“老顽固”(bigoted woman)。可想而知，媒体马上就称其“顽固门”(Bigotgate)事件。该事件标志着工党丧失了至那时为止所一直拥有的不可思议的能力，它曾经能够老练地处理自己对别人真诚的信念所怀有的彻骨的偏见，从而把那些爆炸性的因素遏制在媒介传播之外。后来在BBC电台播音室，有人拍到布朗正在听他的这段录音在全国范围内播出。他的失言造成的影响因此雪上加霜。布朗一屁股坐下来，双手抱着头。美国政治讽刺家琼·斯图尔特(Jon Stewart)曾这样描述此事：“你可以活生生地看到他的政治生涯离开他身体的那一刻。”(*The Daily Show*, Thursday, 29 April 2010)

---

① “hoisted by his own microphone”这一表述改自“be hoisted by your own petard”，指害人反害己，搬起石头砸自己的脚。

结论:批判的橡皮圈阉割术和哲学家的石头

> ……左派的批判因而只是成功地抹黑了当权者,而关键在于要阉割他们。……不是要惨烈地直接阉割,而是要慢慢地悄悄地以意识形态—批判法耐心地对付这些当权者。这样,尽管他们还是手握大权,但有人会突然发现他们痛苦地打着不自然的花腔。(*Tragedy*: 7)

齐泽克应用变态理论分析解答当权者对媒介的操控,提出一种类似橡皮圈阉割法的极有针对性的阉割形式。橡皮圈阉割法是把公羊的阴囊用皮圈扎起来,让它慢慢萎缩掉。齐泽克咄咄逼人地倚重理论,这样的回应也是如火如荼的阉割活动所迫切需要的。它们不仅批判思想要阉割,任何不以团队价值观为前提的思想统统要 31
阉割。在这一点上,英国最近的一些事情就很有启发性。在教育部(Department of Education)更名为创新、大学与技术部(Department for Innovation, Universities, and Skills)之前,大学部(University sector)毫无疑问是隶属于它的一个部门。更名之后,大学部还是被明确认可的(尽管从商业意义上看,它只是“创新”和“技术”中间的夹层)。结果是,随着大学被纳入曼德尔逊所领导的商业取向更为明确的部门——商业、创新与技术部,大学部就完全被砍掉了(参见 Taylor,2008a and 2010)。大家欢迎齐泽克,以此来抗衡那种对待大学的方式,即“设计出大学,就是为了确保绝不让思想产生任何反响”(Lacan,2008:26)。齐泽克的作品回应了汉娜·阿伦特(继康德后)的呼吁,要“扩大的精神”(enlarged mentality),“培养自由活动的想象力”(Arendt,1982:43),“不要栏杆扶手的扶持就能思考”(Hill,1979:334)。前南斯拉夫共产主义生活的一手经验使得齐泽克对于西方浮夸的自由非常敏感。人们在为了训练而训练的氛围中挥霍这种自由,别说栏杆扶手,甚至需要座椅电梯才能思考,而且这种思考是苍白无力的。

齐泽克关注拉康学派早期的期刊《确然》[*Silicet*(字面意思是“允许知道”)],把它与“允许看到”(videlicet)一词相比较,后者是自由民主派的主流思维模式。齐泽克的重要观点是“允许我们观察色情,我们也对此忘乎所以,正因此,我们才无法知道我们所看到的是什么”(*Tragedy*:8)。所以,转述前文引用的阿多诺的话来说,今天媒介景观表面上的色情性,使我们分心了,忽视了社会生活其他领域的迂腐守旧。拉康的看法幽默风趣,“翻开看看,精神分析杂志才是世界上最贞洁的东西,它们不再讲关于性的故事了,把那玩意儿留给了日常生活”
32 (Lacan,2008:19)。齐泽克的价值很大程度上在于,他回应了这样一个形势,那就是,理论警示和启迪的力量已经被我们生活中无处不在、唯我独尊的大众媒介所殖民。齐泽克不会放过媒介内容,他的理论也绝不是贞洁处子——他的理论寡廉鲜耻,并以这样的方式让我们明白:那些传统民间故事和大众媒介文化低俗浅薄的断壁残垣,无疑多是淫秽的,但却是那些深奥难懂的理论话题的一种喜闻乐见的再现方式。如果过于关注齐泽克表面上所故意利用的一些下流材料，则会错过他所要强调的更严重的下流：这是我们文化和经济体系中毁灭性的特征，但我们往往习惯性地不去关注它，或者拒绝关注它。如果说被压抑的总是会回归，那么那些未获认可的特征总会再现为症状，这有待于我们在笑话、轶事及对至关重要的媒介内容的研究中去洞察。

因而，齐泽克"震惊资产阶级"的癖好及其粗鄙幽默的背后，潜伏着对于当代媒介的意识形态影响的极其严肃的批判。他详尽地分析了英国的第一场"阉割场面"（*Violence*：25-30），不无挑衅的思考、淫秽猥琐的表象、绕口令般的收尾笑点其实都负载着深刻的、政治的和哲学的旨归。齐氏挑衅尽管咄咄逼人，但却提醒我们注意那些隐藏在社会公德表面之下的危险。反纳粹的德国陆军元帅冯·克鲁格（von Kluge）的例子就很能说明问题。他的默许行为造成了严重后果。他愿意协助暗杀希特勒，但又支持另一个行动方案，这个方案是由一伙按照安排要与希特勒共进午餐的军官设计的，他们觉得"在饭桌上打死一个人不礼貌"（引自 *Lost Causes*：18）。齐泽克指出马克思是如何"在他的《德意志意识形态》（*German Ideology*）中取笑说，哲学与'实际生活'的关系正如手淫与性行为的关系"（*Tarrying*：3）。尽管有些最严苛的批 33
评者无一例外都把齐泽克骂作哲学下流胚，写了一堆垃圾，但褒贬双方都得承认，再怎么说，齐泽克的变态理论也不像陆军元帅冯·克鲁格，不像曼德尔逊的新劳动党，也不像荒淫无度的媒介的一众卫道士，而像菲兹斗牛犬，是响当当的。

注释：

[1]“从天堂，经世界，到地狱。”（Form Heaven, across the world, to Hell）——歌德《浮士德》

[2]尽管必须承认，像“不成比例”（disproportionate）这样的观念，是完全基于某种价值判断的，这种价值观是精神分析长期以来努力要从这个术语的用法中彻底消除的。（参见 Nobus，2006）。

[3]根据齐泽克的说法：“……动作施行是向大他者的形象进行表演（述行）的一种景观，大他者原封不动，不受它的干扰，而动作宣泄是摧毁符号象征链接本身的暴力突破。”（*Living*：326）

第二章 齐泽克的搔痒棒

引子:酒神笑话的哲学严肃性 34

> 就笑话在我们的精神生活中所起的作用来看,我们应该给予笑话的哲学思考还不够。[Freud,2001d (1905):9]

> 在敬拜酒神狄奥尼索斯(Dionysus)的仪式上,人们唱着菲勒斯歌曲。参与者列队游行,手持用动物皮制作的超大的阳具,唱着淫秽的歌曲,满是模模糊糊的暗示。(Zupančič,2008:213)

上一章探讨了齐泽克在理论上独家的变态风格,使他饱受质疑,也带来媒体的关注,同时还给他带来风险:他实际要说的学术观点没有引起人们的注意,要么是因为他短路式的逻辑火花抢了风头,要么是那些“假正经们”
只顾着关注他的黄段子和/或他的思 35
辨精神分析见解——正如弗洛伊德所说的:“只有别有用意的笑话才会遇到不愿听的人。”[Freud,2001d (1905):90]在被用来解读媒介景观中犬牙交错的现实与幻想时,齐泽克幽默的变态分析恰如一件调试精准的工具。本章将更详尽地揭示这一点,以进一步阐释这种分析在概念上的重要性。笑话能够一针见血地揭示交际行为中形式与内容相互纠缠的性质，这是弗洛伊德高度重视的。齐泽克用笑话的形式把形式与内容嫁接起来，而同时又能反过来讨论形式与内容的关系问题。他赞同这个观念——把不同的事物赫然并置起来，以此来揭示某些情形中不为人知的那些内容，笑话在这方面可谓是一种强大的力量。齐泽克讲述了“让·保罗(Jean Paul)是如何用一个笑话的形式来表述这一点的：‘笑话是乔装的牧师，能放在一起的，都能给它们凑成一对儿。’费舍尔(Vischer)说得更彻底：‘他最喜欢把连亲人们都不看好的婚事给凑成了。’”(ibid.：11)齐泽克这个理论的高级牧师，经常把媒介和哲学凑成一对儿，难怪他的著述常常被人嗤之以鼻。

《搔痒的主体》(*The Ticklish Subject*)一书的副标题是《政治本体论的缺席中心》(*The Absent Centre of Political Ontology*)，针对的是貌似简单的“痒”(ticklishress)这一概念背后的多种问题。精神分析学家亚当·菲利普斯(Adam Phillips)提及“痒”的深层内涵：“该词表达的是‘飘摇不稳’，而实际上说的是色情。搔痒首先是勾引，多用娱乐的方式勾引。”(Phillips，1994：2)因而，搔痒这个词丰富的寓意不仅仅是单纯的动作，以及那种“孩子气”的胳肢痒痒所明显要寻求的天真无邪的乐趣。与它相关的，是一些常常被低估的理论层面，是齐泽克应用幽默和变态这二者背后的非常严肃的目的。孩子被胳肢痒痒这
36 种事情，看起来没什么问题，是为了单纯的快活，这不需要多说，但实际上却是一种微妙的、多层次的心理体验。

因为“胳肢孩子一下，这寻常的、深情的而又变态的行为，其实大有文章可做”(ibid.：1-2)。貌似简单，实则非常有迷惑性的搔痒，不动声色，但又矛盾性地把“寻常的”(ordinary)、“深情的”(affectionate)和“变态的”(perverse)这三样同时激活了。对于菲利普斯而言，“搔痒”远非孩子气的纯真的代名词，而是“五花八门的侵扰方式中的一部分”(ibid.：3)，通过它，孩子了解到他与成人当权者之间关系的本质。往大了说，搔痒本身是模糊不清的，齐泽克分析另一种类似的模糊性时，搔痒充当了一个典型的例子。这种模糊性建构了被媒体所中介搔痒的成人生活，而齐泽克对此进行了卓有见地的精神分析。

弗洛伊德的《笑话与无意识的关系》一书，德文原版的标题是“Der Witz und seine Beziebung zum Unbewuβten”，比英文译本的标题“*Jokes and Their Relation to the Unconscious*”(1905)寓意更加丰富。德语的“笑话”(*Der Witz*)这个词与“心智能力”及“心智能力的产物”二者都有关系——幽默机智、妙语连珠以及在更普遍意义上的“足智多谋”(参见 Strackey in ibid.：7)。变态笑话对于齐泽克睿智巧妙的媒介分析法是尤其有用的，因为这些笑话以其特有的方式，凸显出了歇斯底里症的知识(往往出自日常的情景中)，它们原本湮灭无闻(或者至少是未被谈及)。笑话是通过再现媒介意识形态运行的方式而做到这一点的——这就把形式与内容毫不违和地并置起来，这就是没有被保安识破的那个手推车，或者正如麦克卢汉所描述的媒介成为信息的方式那样：“……媒介的‘内容’就像窃贼手中那片吸引看门狗注意力的滴着汁水的肉一样。”[McLuhan,1995(1964):32]。笑话不像闹剧那样通过过度的物质性因素来制造幽默,“笑话寓居于语
37 句中思想所赋形的表达中”[Freud,2001d (1905):16]。这种形式与内容的纠缠以一种极其自然的、下意识的方式出现。由于这种幽默效果,含有笑话机制的心理过程在意识形态上的重要性往往会被忽视。就像媒介意识形态的堂而皇之地欺骗往往是自相矛盾的(比如被偷的手推车),当我们听到笑话时,“我们给予它的逻辑上的或者实用上的重要性超出了它的实际内容,而一旦我们搞清楚笑话的本质后,就会否定这些重要性”(Lipps cited in ibid.:12)。换言之,意识形态之下潜伏的基本程序,内在地具备一种似乎合理的否定性——也就是上述引文中竹潘奇克(Zupančič)所描述的早期历史语境中的那种“模模糊糊的暗示”,因此,无论它是由谁说出的笑话,是杰出的政治家,还是电影导演,或者正如我们将会看到的,是一个喜剧演员,它的影响更加巧妙。

如今已是耄耋老翁的英国喜剧明星肯·多德(Ken Dodd)就有趣地代表了象征秩序中各种矛盾因素的微妙混合——普通却又变态,深情而又多样。多德手中的“搔痒棒”(tickling stick)是出了名的——一个大鸡毛掸子,取意于古代狄奥尼索斯传统的菲勒斯象征(phallic symbolism)——这个搔痒棒,既无辜又变态,生出许多挑逗观众的幽默。反过来,他的幽默模式(看家本领)利用了他与观众之间既充满爱意又庸常的关系,为的是传达反常的意义。对于《那是逗玛丽的错误方式》(*That's the Wrong Way to Tickle Mary*)这样的歌曲,这种效果是显

而易见的。但是，如果不考虑作者的意图，在貌似超级普通，实际却引经据典的歌曲《幸福》(*Happiness*)中，同样可以发现这种效果。多德典型的表演是，舞动着他的搔痒棒，唱着名义上的抒情歌谣，实际上歌词的谐音有色情意味，他会唱两遍，宣称它是“我所拥有的最棒的东西”，并且感谢主赐福给他“更多的幸福”。[1]菲利普斯还在多德全部表演的其他方面发现了其他不同的搔痒因素—— 38
侵扰、幻象、幽默以及变态——这些以一种并不那么含蓄的方式涌现出来，那个赤裸裸的笑话就是例子：“真是个把黄瓜捅进牧师的信箱，大喊‘马丁一家要来了’的好日子啊！”有猥亵意味的双关语是多德的招牌，它以各种象征符号的喜剧形式，代表了媒介更加现实意义上的，但同时又是在极其严肃的意识形态意义上的运作模式。欲望、幻象、动机以及每天对我们狂轰滥炸的超我的禁令，是象征秩序中让人刺痒的、非实体的，但同时又是狂乱的情感旋涡，齐泽克积极地解读它们。

搔痒的主体：性变态者的羽毛、阿甘以及不知情的鸡

孩子不能自己胳肢自己，即便能，也远远没有别人胳肢他那么痒，从这一事实来看，似乎能让人痒的点绝不能是事先知道的点。(Charles Darwin)[2]

你给我们搔痒，我们能不笑吗？(Shylock—*The Merchant of Venice*, Act III, Sc. i)

我好痒痒！(Ken Dodd)

以幸福为主题的歌曲，本来是完全单纯的，但对于不同脾性的读者，就能体会出其中不同的淫秽意味，它的挑逗效果也因人而异。人们对于形式上和象征意义上的各种搔痒的敏感程度各不相同，通常这仅仅被看作个体的身体上的特征，但它也是社会层面的一部分。但要思考
39 如何挑逗被搔痒的主体，齐泽克重点指出，我们首先关注的，即我们常常把主体看作一个自主主体，背后有什么无法逃避的社会背景。单个主体只能通过对周围的象征秩序顺服**主体化**[(subject(ion)]而存在，而且，这一象征秩序是以媒介所中介的模糊的力比多力量为基础来起作用的，它远远不是中性的和"正常的"。在电影《北非谍影》(*Casablanca*)中，影片快结束时的一幕展现了意识形态的运作模式。伊尔莎(Ilsa)[英格丽・褒曼(Ingrid Bergman)饰]去找里克(Rick)[亨弗莱・鲍嘉(Humphrey Bogart)饰]，想要请他帮忙拿到通行证，这样伊尔莎和她的丈夫维克多・拉斯罗(Victor Laszlo)就能逃离卡萨布兰卡。绝望之中，伊尔莎对里克拔枪相向，但很快二人情绪失控，相互拥抱，伊尔莎哭诉道："但愿你知道，我曾多么爱你，我还是那么地爱着你。"然后：

> 画面融入夜间的机场塔台，时长三秒半，塔台的探照灯在盘旋，然后画面又切入里克房间的窗户，镜头从室外拍摄，他就站在那里，看着窗外，抽着烟……这里马上跳出来的问题当然就是，在这三秒半的时间里，发生了什么——他们

> 到底做了还是没做(did they DO IT or not)? ……我们在此遇到的显然是拜物分裂症的例子,是那种"我很清楚,但是尽管如此……"的抵赖模式的例子:你明白他们并没有做,但你却放任你肮脏的想象——你可以沉湎其中,因为对于大他者而言,他们绝对没有做,这一事实赦免了你的罪……(Žižek,2007a website)

这展现了媒介在当代意识形态过程中所起的关键作用。媒介能起到这种作用,是因为它扮演了大他者的角色,让我们的"我很清楚,但是尽管如此"这样的态度合法化——这种态度在媒体观众那里很普遍,而曼德尔逊阁下对"傻瓜"(chumps)一词的巧妙运用令人印象深刻。

查尔斯·达尔文(Charles Darwin)说人不能自己胳 *40*
肢自己,这是对的,但他说让人痒的具体部位不可知,这就不对了。大部分人确实知道自己哪个部位怕痒,但是,关键在于,这一点只有给他搔痒的人才能激活,往大了说,在整个象征秩序之下,我们会发现我们被各种非身体的方式所逗弄。菲利普斯对搔痒明显的和绝对的身体性提出了质疑,他反问道:"经验的特质——也就是说,幻想——是什么……最让人踏实的搔痒,难道不是欲望的过度移置的独特表达吗?最让人不安的搔痒,难道不是变态合约的一个示例吗?"(Phillips,1994: 3)菲利普斯对于搔痒和变态关系的质疑,可通过一个案例进行研究:一对新婚夫妇将羽毛当作工具来为性生活增加情趣。这正是齐泽克关于幻想的意识形态作用及媒介作为载体这一命题的论述，我们随后会详细讨论。尽管初次使用这个道具时，二人难免尴尬。

> 没有人会否认他们在追寻性爱快感时的创
> 造力。然而，如果这对夫妇有了这种额外的体
> 验后，心满意足，想要确立点信心，不再尴尬，而
> 决定把羽毛换成一整只鸟，也许他们会对这种
> 做法心安理得一点，但无疑大家都会异口同声
> 地认定这是变态。为什么人们觉得把一片羽毛
> 用到性行为上是“健康的”“正常的”和“性感
> 的”，而换成一只鸟就一定是“吓人的”“怪异的”
> “反常的”“变态的”和“病态的”呢？从什么时候
> 41 起色情就成了变态的了？我们的这对夫妇无论
> 从程度还是从性质上，从一片羽毛到变态，中间
> 能走多远？我们又该把鸟的界限划在何处？一
> 件物体是正常的性行为中愉悦的游戏品，还是
> 不正常的变态性行为中痛苦的病症，这之间的
> 分界线又在哪里？是一只翅膀？又或许是一条
> 鸟腿？（Nobus，2006：3）

大部分读者面对上述情形时，“自然的”反应基本都是：“一片羽毛还行，但一整只鸟？那就错得离谱了吧！”然而，找到解答这个搔痒象征问题的具体依据，要比定位到身体上确切的怕痒的部位可难得多了。

对于从羽毛到整只鸟之间的性变态问题，简单的回答可能是：羽毛这种物体客观上具有色情意味，因为它柔

和纤弱的物理特质会带来愉悦的感官效果。但齐泽克的精神分析方法所揭示的正确的、更深刻的真理却是，话虽如此，但尘世中误导人的物件和活动林林总总，都会被我们错综复杂、炽热滚烫的力比多经济捕获。对于弗洛伊德而言，变态行为是值得分析和思考的，因为：

> 人们发现变态并不在于新的性目标的内容，而在于它与常态的关系。如果一种变态行为，并不是仅仅与正常的性目标及物体相伴而来的……这种变态行为驱逐它们，在任何情况下，都取代它们——简言之，如果一种变态行为有排他并且执着的特点——那么，通常情况下，我们把它看成一种病理症状是有道理的。[Freud，2001c（1901—1905）：161]

因而，如果要审查媒介发挥效果的方式，那么精神分析给变态下的定义是极其有用的。这是一种形式/内容互构的方式——它以羽毛般轻柔的搔痒，使媒介变成按摩（massage）。例如，我们现在痴迷于名人，这已成为传遍整个媒介景观的病症，如今，这一症状也蔓延到之前相对隔绝的领域，比如政治报道。夫妇间使用的羽毛在性问题上的地位与媒介内容在意识形态上的地位，都取决于它们在一个不断发展变化的象征秩序中的关系性位置。任何看过希区柯克（Hitchcock）执导的电影《捉贼记》（*To Catch A Thief*），听到片中加里·格兰特（Gary Grant）和格蕾丝·凯利（Grace Kelly）之间的激烈舌战的 42

人,都能证明,当格蕾丝·凯利在一次野餐中彬彬有礼地问加里·格兰特“要胸还是腿”时,一只鸡腿有时已不仅仅是只鸡腿。

我们接着谈整只的鸡吧,谈只火鸡。2003 年,乔治·布什(George Bush)视察美国驻伊拉克部队的感恩节晚宴,一只火鸡引发了一场争议,这也展示了媒介在对符号象征的交流进行中介时的变态方式。争议的焦点是关于媒体拍摄的一张照片,照片中布什总统置身于一个乱糟糟的帐篷中,手拿一只硕大的、据说是塑料的烤火鸡。[3]起初,乔治·布什的评论者对这次伪事件大加渲染,并将它跟其他的媒体宣传照相比,比如 2003 年 5 月 1 日在美国林肯号(USS Lincoln)航母上那个著名的(也是臭名昭著的)在“使命完成”(Mission Accomplished)的横幅前拍摄的新闻发布会照片①。从那时起,人们都说那只火鸡其实是真的,只不过需要提醒的是,它是一只“纪念鸡”,仅供观瞻之用,而士兵们吃的实际上是餐盘里加工过的火鸡肉。与那片色情化的羽毛一样,如果过于从表面和外延的角度去争论火鸡的真实本质(它是真的还是塑料
43 的),实际上错过的将是这只鸡所代表的更重要的内涵。这只鸡在象征秩序中所占的那一席之地,源于感恩节对美国人而言极其丰富的意蕴。这是它最明显的一个层面。但是媒体要拍照宣传,于是布什总统得拿只火鸡,火鸡在这个伪事件中有了新的定位,从而进一步把它的意

① 2003 年 5 月 1 日,美国总统布什在从海湾返回美国的“林肯号”航母上发表电视讲话,宣布美国及其盟国在伊拉克的主要作战行动已经结束。讲话背景是一个印有“Mission Accomplished”字样的横幅。

义媒介化。运用与精神相关联的理论对这一小片段进行对比分析，明显要比痴迷于实证的方法技高一筹。因为精神分析的变态理论观，有利于与痴迷本身所起的作用拉开距离，益于反思和批判——这里的变态不在于火鸡是真是假，而在于总统仅仅出于对一张公关照片的需要而用了它。

大他者所起的作用很大，它不仅仅限于思考那位不幸的精神病人的想入非非，他怕自己是一粒谷子[4]，或者是思考总统手持家禽的行为。它可以在举国上下的政治经验中起到至关重要的中介作用。举个例子，齐泽克讲到了自 20 世纪 70 年代中期以来，南斯拉夫经济状况动荡不安，尽管大难临头，这个国家的掌权者却在铁托(Tito)总统生命最后的几年中，对他瞒而不报，直至他 1980 年辞世。在这种情况下，虽然掌权者是出于好意，但是保护了那只肯定不知情的鸡，这就为后来恐怖的种族清洗埋下了种子(如果不是谷子的话)。在如今的西方国家，在对待孩子的态度中就有这种不知情/肯定不知情的鸡的因素。恋童癖常常被披露出来，这令人恐慌，因为媒体对暴力和性的描述随处可见，父母们见状就要从情感上过度关注孩子从而抵消危险。孩子们年少纯真(innocence)，需要不惜一切代价去保护，这样才能保证他们不吃亏。乔恩·维纳波尔(Jon Venables)和罗伯特·汤普森(Robert Thompson)这两个十岁的英国男孩被妖魔化，就明显体现了这一点。1993 年，他诱拐了不满三岁的詹 44
姆士·巴尔杰(James Bulger)，对其绑架、拷打并杀害了他。小刊小报对此犯罪事件进行了狂热的报道，其中充满了一种意味:"孩子是纯真的"这种观念是如何被杀人犯年龄之小所困扰和削弱的。

电影《阿甘正传》[1][*Forrest Gump*(Robert Zemeckis, 1994)],一部从意识形态上来看不足以称为纯真的或关于纯真的电影,对其稍加思考,就会同时发现羽毛和不知情的鸡都在其中起到了搔痒式的象征作用。影片开场,是一片羽毛在空中飘摇的镜头,拍摄技术复杂,画面持续了不短的时间。羽毛向下坠落,摇曳着过了马路,最终落在正坐在公交车站的阿甘脚下。阿甘捡起羽毛,夹在书里,又把书锁进衣箱。片尾羽毛重现,但原途而返。书如今已传到阿甘的儿子手里,羽毛从书里掉落,从他脚下飘走了,飘向空中,最后飘到了摄像机镜头前,此时影片结束。表面上,羽毛代表了该片号称要表达的生活的偶然性。然而,再仔细想想,你会发现一开始把羽毛锁在箱子里,这一做法以一种令人不安的方式在隐喻意义上贯穿了整部影片。好莱坞拙劣地用羽毛来粗糙地表现米兰·昆德拉(Milan Kundera)的"存在的不可承受之轻"。很快,电影中那句有口皆碑的老话儿"生活就像一盒巧克力"[拉康的**"缝合点"**(a Lacanian point de capiton, quilting point)]响亮地喊出了更为辛辣的价值体系,把前者给挤到一边去了。对于齐泽克而言,阿甘就是"那个不可能的**意识形态纯粹主体**(pure subject of ideology)……意识形态可以在其身上完美运作的理想主体"(*Indivisible*

① 《阿甘正传》是美国作家温斯顿·葛鲁姆(Winston Groom)于1986年出版的小说,1994年改编为同名电影。主角阿甘先天智障,但却在正常人的世界中度过精彩的一生。

Remainder：200）。他代表的是“这个完美的‘消隐的中介’（vanishing mediator）”，主人（Master）的反面（主人是通过给一个事件命名，把它镌刻进大他者而象征性地标记一个事件的人）：阿甘，被刻画为一个单纯的旁观者，他 45
做其所做，浑然不知这触动了历史的变迁（Žižek，2005b website）。阿甘不经意间参与了缔造历史的事件，却傻人傻福，并不知其深意。与阿甘不同，那些确确实实有意识地争荣辱的人，却命运多舛——最具代表性的人物就是珍妮（Jenny），她死于艾滋病。影片最后，阿甘在她的墓旁说道：“我不知道，我们每个人的命是不是注定的，或者我们都像风一样飘着——不知道会飘到哪儿——可是，我觉得也许两者都是，也许这两者会同时存在。”阿甘在墓旁道出了好莱坞的意识形态，它排除了马克思的第三选择：命运是自己缔造的，但环境条件却无法自己选择。

阿甘这个角色是意识形态的纯粹主体，原因很明显，他就是一个保守时代之风貌的绝对代码——一场美国梦，但它不是追求性自由的嬉皮士与越战抗议者能做的梦。影片《阿甘正传》则是更为抽象的主题意义上的意识形态纯粹主体。它讲的是一个智障天才的暖心故事，以一种明显的并非意识形态的模式把观众置于美国梦的意识形态之下。这是被中介的意识形态主体/主体化，它死气沉沉。后果就是，在整个资本主义社会中又加强了这种主体化。2009 年 11 月，英国市面上出售的肯德基（浮士德式[1]的)，在它的包装盖了上，体现出一种意识形态的崇高客体。盖子上印着如下文字：

> 施予救人性命
> 世界饥荒救济组织 2009 年
> 捐赠请登录网页：
> www.fromhungertohope.com

46 这个客体的功能就是把意识形态去崇高化，使之成为一种从表面上看是自然而然的日常生活话题。这颠覆了马克思那句名言的意义。这样一来，今天的我们宁愿不让自己的命运取决于自己的选择。救济世界范围的饥荒，靠的是消费超大分量的炸鸡。世界饥荒（famine）的结构性原因是明摆着的，但却被无视。西方国家心怀慈悲的消费者对此不愿多想，而阿甘式的不明就里可保他们吃得心安理得。我们乐善好施地消费工厂圈养的鸡，这样我们就不会在政治上鸡飞蛋打了。

哈里的游戏：拒绝被搔痒

> 后现代主义者是学术圈中的少数派。对他们而言，斯拉沃热·齐泽克——一个走路摇摇晃晃、行为散漫的斯洛文尼亚哲学家——是一

---

① 浮士德式，源自德国传说中的人物浮士德（Faust），他把灵魂出卖给魔鬼，以换取多年的权力和享乐。浮士德式的交易或协议指为获取财富、权力等而不择手段。

> 个民间英雄。无论何时何地，做何讲座，他都会以比尔·希克斯(Bill Hicks)①般的语速、强度和幽默段子，输送出理论的迷雾……齐泽克是后现代主义者中最重要的票房号召者，他的著作是畅销书单上的头牌。(Hari，2007)

上面的引文取自对阿斯特拉·泰勒(Astra Taylor)②执导的传记体纪录片《齐泽克！》(*Žižek*！)的一篇评论文章。采访者英国记者约翰·哈里(Johann Hari)用了一个有贬斥意味的标题“冒牌专家之角”(Pseud's Corner)③[5]，这是一些人在媒介中应用齐泽克的典型方式，他们对陌生的观点感到焦虑，对无耻而狂热地滥用理论不放心，这些情绪都被他们投射到齐泽克身上。齐泽克摇摇晃晃，行为散漫，但同时又睿智、犀利，对搞笑很有一手，这招来了别人对他的嘲笑。同样地，在如上引文的第一句中由于后现代主义者是“少数派”而被讽刺为无足轻重。但是，在后面，至少有一些对齐泽克的仇视似乎是由于他们看不惯，人们对他的思想的接受程度接近对主流思想的接受程度。最困扰哈里的是齐泽克声称自己没有信仰： 47

> 齐泽克相信什么？他为什么而辩？后现代

① 比尔·希克斯(Bill Hicks)，美国搞笑艺人、社会评论家、艺术家和音乐家。

② 阿斯特拉·泰勒(Astra Taylor)，加拿大裔美国纪录电影制作人、作家、活动家和音乐家。

③ “冒牌专家之角”(Pseud's Corner)谐音化自英格兰著名的西敏寺“诗人之角”(poet's corner)。

> 主义者认为这些显而易见的问题是粗俗的。当你初次翻阅齐泽克写的50多本书,几乎找不到答案。他似乎想要把卡尔·马克思与人所共知的、观点艰涩深奥的法国精神分析学家雅克·拉康相结合,并大肆宣扬无数的流行文化现象……当后现代主义的那层光晕褪去,你会发现那种老套的、暴政的无稽之谈……这样的立场表明后现代主义不过是知识分子漫不经心的小电影。除了败坏道德,导致政治上的不满,它什么也做不到。(ibid.)

先不谈哈里的文章中反复透露出的歇斯底里症状(hysteria),在这整个对后现代主义的错误指控中,哈里的方式无意间清晰地展现了齐泽克在作品中多次探讨的意识形态运作方式。一个威胁到媒介通常隐藏起来的意识形态基础的个人(齐泽克),变成了一个"永恒的"人物(后现代的思想家)。记者斯蒂文·普尔(Steven Poole),是哈里的同行,他发现对后现代主义的诋毁,根子上就不准确,而且还偷换概念。他反问道:

> 齐泽克自己都反复明确地批评他所理解的"后现代主义",可这重要吗?那些欧陆小丑们奉为宣言的,让-弗朗索瓦·利奥塔的(Jean-
> 48 François Lyotard)《后现代状况》(*The Postmodern Condition*,1979)一书,是对它所描写的状况的颂辞,但至少同时也是对这种状况的哀

> 歌，可这又重要吗？说实在的，如今"后现代"一词及其同根词难道不是像"政治正确"这样的词一样，纯粹是作为白痴嘴里说出的一个顺口的词而存在的吗？(Poole，2007)

齐泽克主要受两位哲学家的哲学理论的影响——康德和黑格尔——从最基本的理论形成的时间来看，都很难称其是后现代的，也几乎同样难以将其描述为理论上的相对主义者[康德把**绝对律令**(categorical imperative)作为我们明确的伦理诫命，而黑格尔提出的**绝对理念**(Absolute Idea)明显不是相对主义的观念]，既然如此，对齐泽克的误解可谓深矣。但如果说齐泽克是后现代相对主义者(postmodern relativism)，原因最有可能在于齐泽克采用并且改造了精神分析的思想，而虚无(nothingness)的建构力量也在他这里大行其道——虚无就是我们个体生命中以及社会交际中那些无形的空白和缺席，但它们却有着深刻而又重要的现实意义。

齐泽克的搔痒的真理

> 在一个你可以无所不谈甚至随便指点真理的国度，不论人们说什么，都不会有任何效果，这就是它的后果。(Lacan，2008：49)
>
> 本丢・彼拉多(Pontius Pilate)[①]时运不济，我也

① 本丢・彼拉多(Pontius Pilate，？—41 年)，罗马帝国犹太行省总督，多次审问耶稣，判处耶稣钉死在十字架上。

> 是。他说的真的是很普通又很容易被说起的事:“真理是什么?”他时运不济,问了关于真理本身的问题。这给他招惹了各种麻烦,他的名声也不好。(ibid.:16)

正如拉康所言,真理本身是一个搔痒的命题。齐泽
49 克的短路理论论证法本质上变化多端,但其基本目的始终如一:揭露媒介惯常的混淆真理、无视真理的做法。齐泽克的分析手法老练复杂,因为他认识到真理与隐瞒相互关联的本质,也明白媒介处理这种本质的办法在于它借助揭露而让隐瞒显得自然而然。“媒介即讯息”,将形式和内容聚合在一起的讯息,即意识形态的手推车(wheel barrow of idology)。弗洛伊德的分析方法的基本原则是始终保持绝对的坦率,这种坦率源自一种“分析态度”,其根基在于它能容许人们去思考那些表面上毫无关联的现象背后的奇特的(但又不失真实的)关联。“隐瞒并不只是遮蔽真理。隐瞒包含真理。真理、非真理、揭露和隐瞒,相互指涉。”(Thompson,1994: 67)要明白这一点,就需要这种坦率与开放相结合的态度。齐泽克受到一种海德格尔式的研究方法的直接影响。这种方法“基于希腊哲学中对真理最早的命名:alethia(无蔽)。这个词的关键在于词根“lethe”(忘却),它表现出许多密切关联的思想:隐瞒、掩藏、遮蔽、掩盖。“a-”具有将“隐藏”这种含义反转的功能”(ibid.:62)。由于缺乏精神分析方法的虚怀若谷,“社会科学”的狭隘,就方法论而言是正确的,但与无蔽以及有时令人不快的现实(现实就是幻想中饱含着重大的意义)几乎没有或完全没有关联。

为了描述这种偏好正确性而非真理性的意识形态后果,齐泽克热衷于引用拉康悖谬的表达——“不愿上当者犯错”(the non-duped err),他将其解释为“那种不愿困于象征的骗局/虚构之中,而又知道自己的眼睛最常出错的人”(Žižek,2005c website)。相应地,海德格尔也说道:“人从神话走向触手可及的东西,从一个当下不断走向另 50
一个,错过了神话——这就是犯错。”(引自 Thompson,1994:67)在此,海德格尔和齐泽克都强调传统的基于证据的实证研究在试图应对一个事实时的弊端。这一事实就是,真实的有可能是虚假的,虚假的也有可能是真实的。齐泽克关于犯错误的观念影射的是象征的虚构能力。对于表象与其可能具有欺骗性的本质之间的关系,我们对此经常持有的观念会因为这种能力而又多一层经验色彩。因而,正如愚人金(fool's gold)[①]中的金属表明,有的东西可能是真实的(它在物质意义上是存在的),但又是虚假的(它并不是人们实际想要的那种金属)。象征的虚构带来了反向的情境:有的事情可能在物质意义上并没有真实存在,但却有着真实的效果。以法官为例就可以证明这一点。也许他/她是一个身体虚弱、毫不起眼的人,但一旦披上法官袍,进入审判室,马上就成为有权有势的可敬之人。或者,正如李尔王所说:“你见过一条农家的狗咬一个叫花子吗?……又看见过那个家伙逃避那条狗吗?在这里,你就能看到权威伟大的形象:狗得了势,人都得听它的。”(*King Lear*, Act IV, Sc.vi)

---

① 愚人金(fool's gold)是存在于岩石中的一种黄铁矿,看起来像金子,但没有金子那种价值。

齐泽克的媒介分析没有犯那种不关注象征效力之威权的错误。他没有从神话逃向触手可及的东西,而是着手在触手可及的东西中找寻其中的神话。在这个意义来说,他回应了西格弗里德·克拉考尔(Siegfried Kracauer)的抱怨,克拉考尔抱怨文化评论者们太过频繁地“绕开了最为迫切的人文关怀,把奇异的事物拖进日常生活,而非在日常生活中寻找奇异的事物……”(Kracauer,1995:311)。齐泽克所汲取的康德和黑格尔的哲学思想,就是
51 在错误中质询现实固有的虚幻本质:

> 一切可能的/可想的“错误”内在地都是必然的,有其系统的先验结构,批判“体系”相当于对它的一种表现(presentation)[**表达**(Darstellung)]……最终我们得到的并非克服/扬弃了之前幻象的真理——唯一的真理就是各种幻象之间的逻辑勾连构成的不连贯的体系……形而上的真理的表象成为关于一个错误转化为另一个错误的这种转化……这是真理的“对话”过程,它以批判之前幻象的方式出现……(Gabriel and Žižek,2009:2)

在表象与真理间的关系这一语境中,一个对于波德里亚(Baudrillard)拟像(simulation)观念常见的误解,是认为它指的是虚幻的、非实在的东西。这个概念确切的含义是一种存在状态,在这种状态中实在与再现的关系断裂了,从而制造出一种不可分割的混合状态,在此,区

分实在的和虚假的变得毫无意义。波德里亚的另一个相关概念“**超实在**”(hyperreal),绝不是幻象的;相反,他把这一概念定义为比实在更加实在的东西——**超现实性**(über-reality),典型的例子就是爱尔兰主题酒吧,它所展示的爱尔兰,比你在爱尔兰本国看到的爱尔兰更加真实(但如果想想今天爱尔兰把都柏林打造成有自身主题的旅游景点,也许这只能算是一种轻描淡写)。面对幻象之现实这种悖论,齐泽克以一种恰当的反直觉方式,尽可能切近实际地探讨了通过幻象的不连贯体系来体验现实的种种办法。现实确实是模糊不清的,齐泽克的概念正是植根于对这一点的接纳。这意味着“当我们试图依照具体的事物去衡量它们时,它们会启迪我们,同样也会迷惑我们。也许实在的并非是范式的。如同存在本身,我们会逐渐明确其效力。实在或多或少就是它表象的那样” 52
(Thompson,1994:49),或者,正如我们将会看到的,有时,无(nothing)是非常重要的。

无中生有

李 尔 王　……你有什么话要说,可以换到一份比你两个姐姐更富庶的土地?说吧。

考黛丽亚　我没有什么话说,父亲。

李 尔 王　没有?

考黛丽亚　没有。

李 尔 王　没有只能换到没有。再说一遍。

(*King Lear*, Act I, Sc. i)

在莎士比亚这部戏剧的开篇，李尔王对虚无的力量不屑一顾，这是命运的安排。考黛丽亚(Cordelia)的两个姐姐为表达对父亲的爱，极尽溢美之词。她们的这种做法，至少在一定程度上是出于算计权衡，为了确保继承家族的那份遗产，她们在算计怎样做才算是明智之举。相比之下，考黛丽亚不愿多说，这种沉默比单纯的功利主义算计复杂得多；她的沉默蕴含着她的价值观，即什么是适当的孝道，未来夫婿的潜在的荣誉，以及她所坚守的关于一个人对他人的真正的爱的一套原则：什么事情在公开场合说是合理的，什么最好不要说出来，等等。李尔王宣称“没有只能换到没有”，与此相反，莎士比亚接着就在这种表面上看什么也不说的误导性行为之上，建构了他最重要的一部戏剧。在莎士比亚的其他作品中，哈姆雷特先后为奥菲莉亚和吉尔丹斯坦(Guildenstern)塑造了古
53 怪的性格，这也是基于一种对虚无之力量的敏感：

哈姆雷特　小姐，我可以躺在你膝间吗？
奥菲莉亚　不，殿下。
哈姆雷特　我是说，把头枕在你的膝盖上面。
奥菲莉亚　嗯，殿下。
哈姆雷特　你以为我动着歪脑筋吗？
奥菲莉亚　我什么也没想到，殿下。
哈姆雷特　躺在姑娘大腿间，想来倒是挺美的。
奥菲莉亚　什么，殿下？
哈姆雷特　没有什么。

(Act Ⅲ，Sc.ii)

哈 姆 雷 特　尸体跟国王在一起，国王却不跟尸体在一起。国王是一件东西——

吉尔丹斯坦　一件东西，殿下！

哈 姆 雷 特　虚无的东西。

（Act Ⅲ，Sc.ii）

齐泽克的媒介分析手法与李尔王的做法相反，与弗洛伊德所强调的笑话的揭示功能相一致，笑话能够揭示日常生活中的基本的精神病理学。他古怪的媒介分析对于貌似断裂和缺席的事物实际上所具备的积极的、生产性的特质非常敏感。在萨特的《存在与虚无》(*Being and Nothingness*)中，虚无是建构我们之所以为人的东西："意识是一种存在，其本质在于对于其存在的虚无性有意识。"[Sartre，1966(1943)：86]。虚无远非纯粹无感情的中立，它是象征文化借以构成我们社会现实的方式中的重要一环(其中，媒介明显是尤其强大的一部分)："很明显，非存在(non-being)总是在人类期待的范围内显现出来……不承认否定是在人与世界关系的原始基础上显现出来，这也是徒劳的。"(ibid.：38)齐泽克作品中起到关键
作用的是那种附带的空白，这种空白介乎他提出的问题 *54*
所具备的哲学重要性与他从媒介中所提取的原材料通常所带的幽默性之间。

我们前面已经看到，笑话如何以一种看似无关紧要的形式，体现出微妙的心理因素。[6]讲笑话的人和听者都经历了自发的，同时又是复杂的过程。这一过程源自"对

感觉的依附……对真理的开蒙"，从"对后果的接受"到"对相关的虚无的意识或印象"[Freud，2001d(1905)：12]。笑话中没说破的部分常常是最重要的："笑话言其所必须言，用词俭省，但太俭省了——也就是说，要按严格的逻辑或通常的思维模式和说话模式来看，可以称其是用词不足。"(ibid.：9)让我们从《李尔王》转向美国热播的情景喜剧《宋飞正传》(*Seinfield*)，这样可以以一种仿拟的方式来展现齐泽克高雅/低俗相结合的短路文化分析法的启发性，同时也能展现虚无所具备的悖谬性以及戏剧化的搔痒性。《宋飞正传》是根据一群来自曼哈顿的朋友们的日常生活改编的。名为《推销》(*The Pitch*)的那一集，非常典型，剧情如迷宫一般复杂，对电视内在的运作及其与虚无的关系进行了有趣的反思。剧中人物杰瑞(Jerry)和乔治(George)决定向(美国)全国广播公司(NBC)的高管推销他们围绕一群朋友的日常生活而设计的一个情景喜剧这一创意。当杰瑞问乔治这个剧的内容时，乔治回答："内容是关于虚无的……彻底的虚无……人人各司其职，我们就可以无所事事了。"换言之，在这特定的剧集中，情景喜剧的内容就是其形式本身。虚构、现实以及关于非虚构现实的虚构化再现都被用来为一个"关于虚无的表演"制造幽默。

《宋飞正传》中的喜剧效果很大程度上源于对这种本
55 质上属于虚无的首要前提的持续探索。《宋飞正传》的制片人拉里·大卫(Larry David)[1](LD1)制作了该片的续

① 拉里·大卫(Larry David)，美国喜剧家、作家、演员、电视制片人，《宋飞正传》的合作制片人、首席编剧。

集《抑制热情》(*Curb Your Enthusiasm*)[①],故事讲的是虚构的《宋飞正传》的制片人拉里·大卫(LD2,由 LD1 饰演)每天的生活。剧集中,附加的重叠纠缠不清,故意模糊了虚构和非虚构之间的界限,这更加激发了剧集的喜剧效果。LD1/LD2 在《抑制热情》第 7 季中重新介绍原版《宋飞正传》的情景和演员阵容时,这一点表现得尤为明显(Pilkington,2009)。在此,对于据称是非虚构的、平淡无奇的前提(四个朋友的日常生活)的虚构的再现(《宋飞正传》的摄制场景),有一个真实具体的背景。这一背景如今与其衍生的虚构电视连续剧(《抑制热情》)混合起来,后者所刻画的人物(《抑制热情》中的拉里·大卫——LD2)是虚构的《宋飞正传》真实的制片人(LD1)。《抑制热情》中有一点尤其地超实在,演员贾森·亚历山大(Jason Alexander),在《宋飞正传》中扮演乔治·康斯坦萨(George Costanza),在《抑制热情》中,据称他扮演的是非虚构的贾森·亚历山大本人(尽管这部剧仍然是虚构的)。亚历山大向 LD2 讽刺、抱怨他扮演的康斯坦萨这一角色。他告诉 LD2,他不想再扮演康斯坦萨了,还把这一角色描述为一个"怪胎、笨蛋、小角色"——他的玩笑在于,康斯坦萨的原型就是如今扮演 LD2 的 LD1 本人。而在另一集中,在《抑制热情》中扮演 LD2 的 LD1,为《宋飞正传》中的康斯坦萨站位,而后者的原型就是 LD1。这里

① 《抑制热情》(*Curb Your Enthusiasm*)是美国电视情景喜剧连续剧,于 2000 年推出,共播 8 季。被称作美国电视情景喜剧《宋飞正传》的续集。编剧是《宋飞正传》的合作制片人拉里·大卫,在剧中他扮演他自己的一个虚构形象。

互文性就更加深入了。论述拟像的理论家，如波德里亚，其理论常被诟病为太过抽象和专业，但实际上媒介的内容本身就把高度错综复杂的拟像模式展现得“一清二楚”。整个《抑制热情》第7季都围绕着《宋飞正传》再相聚而展开，但这部剧的策划、制作、片段都很短，始终没有被完整地呈现出来，由此又一次佐证了在“关于虚无的表演”之中，缺席所起的核心的、组织性的作用。[7]

56 资本家之存在的不可忍受之轻

> 每一个特定的位置都被其隐含的普遍性困扰，并受其损害。资本主义不仅本质上是普遍的，也必须是普遍的，因为庞大的、侵蚀性的权力暗中削弱了所有特定的生活空间、文化和传统，切入它们之中，并把它们卷入自己的旋涡。“这种普遍性是真实的还是特定利益的面具”，这种追问毫无意义。这种普遍性是绝对、切实的普遍性，是中介和毁灭所有特定的内容的消极力量。(*Violence*:132)

齐泽克从哲学角度解读了资本主义把一切都病态地普遍化的消极本质，提出了极具现实意义的政治和经济见地。资本主义的旋涡制造了抽象化，但这抽象化又异常具体，全世界的工人都真实地经历了这些(失业、低工资等)，探寻其根本原因是比较难的，但要想追究其直接原因却也并不容易。齐泽克指出，资本主义的这种全球维度(this global dimension of capitalism)“只能在无意义的真理(truth-without-meaning)这一层面上论证,只能作为世界市场机制的'实在界'(ibid.: 68)"。用哲学术语来说,这种处境就是黑格尔的"'对象过度'(objective excess)——抽象普遍性的直接统治"(ibid.: 12)。哲学本身的特质使它极易受到攻击,哲学被指责为古怪反常、不合时宜,无力应对当今的迫切需要;哲学的这一特质也使它成为最具洞察力的工具,借此可理解事实上已为一种被抽象普遍性所殖民的当代媒介化生活,这一普遍性因为无形而无处不在。抽象普遍性有如缥缈而又极具杀伤力的旋涡,它造成的问题被简化为闪烁其词的暗示—— 57
不过是金钱市场上离子显示屏里转瞬即逝的数字而已,哲学在这旋涡中重新获得了意义。

很有讽刺意味的是,资本主义作为一个以精明世故、不存乌托邦幻想、以实用至上为出发点的社会体系,人们体验到的却是一种不折不扣地推进普遍化抽象进程的资本主义。对于特定的地方化的语境,它天然地感觉迟钝,资本主义要去除任何特殊意义的整体性。它致力于消除物质性的特征:

> 资本主义……尽管有种种愚不可及的物质主义,暗地里却对物质过敏。没有一个物体能够满足它的贪欲,它无休止地、一个接一个地猎食,又在它对无尽欲望宿命般的追逐中,把它们一个接一个地化为乌有……这是一种充满幻想的文化,是彻头彻尾的唯心主义。(Eagleton, 2003:165)

媒介的意识形态作用未被充分认知，这种作用在于它充当了一个体系[对波德里亚而言，这是一种极权主义的符号秩序(semiotic order)]，从而把抽象普遍性呈现为一个社会自然而然的大环境。因此，尽管计算机名义上只是中性的数据传输器，实际上其传输的却是资本主义那些经济幻梦的令人窒息的现实。于是，“比尔·盖茨(Bill Gates)常常夸耀赛博空间开拓了他所谓的‘零摩擦资本主义’(friction-free capitalism)的前景。零摩擦资本主义是赛博空间资本主义意识形态始终贯穿着的社会幻梦的一个极佳的代名词。它梦想完全透明、超凡的交流媒介，在此，物质最后的那一丝惰性也消失了”(*Plague*:156)。文化分析者真正的工作不是被动地接受这种“零摩擦”的辞令，而是深入研究这场经济幻梦，从而洞悉物质与其抽象之间不可化约的相互关系。借助康德、黑格尔和拉康的理论，齐泽克得以准确分析了商品形式如何压
58 抑了我们周遭事物的独异性，从而把非物质和物质合并起来而制造了赛博资本主义的非物质性/物质性(Taylor and Harris,2005)。

激进的精神分析法认为，“真相是如同谎言一般被建构出来的”，而不是轻易地从平庸现实中剥离出来的一个领域。通向现实的唯一道路是以主观化的虚构和幻想去介入的。尽管对于一些人而言，这种推理散发着典型的不接地气的学究气，现实中的金融家们却严肃地对待幻想的力量，毫不犹疑。这样，他们就可以自由自在地从零摩擦资本主义中牟取利益。就在最近的席卷全球的经济

危机爆发之前，齐泽克写道：“资本疯狂地循环运动，又自我加强，在今天期货交易的元自反式投机中，资本循环的这条单性繁殖、唯我独尊之路已达到巅峰。”（*Violence*：10）比较而言，传统媒体对世界经济体系的评论是有批判性的，原因在于它可能使用诸如失控了的巨头形象来谴责市场的波动。然而，从意识形态的角度看，它对于幻想之政治力量的理解并不成熟，而且这个马脚很快就暴露了，因为它转手就试图利用采访及那些受到负面影响的“有血有肉的”人的图像，来充实有关经济衰退的讨论中出现的抽象事实和数据。辩证唯物主义哲学认识到了物质和抽象之间的动态关系，受此启发，齐泽克要想办法重新唤起投机者的思考能力，而非去批评他们没有充分考虑自己的行为对百姓生活带来的真正影响。他强调了媒介分析总是注意不到的辩证法，“问题是这种‘抽象化进程’不仅存在于金融投机者对社会现实的误解之中，而且恰恰是在对物质性的社会进程的结构起决定作用时，这种“抽象化进程”是‘实在的’……”（ibid.：10-11）简而言 59
之，一个人如果意识不到非物质因素所起到的作用，就很难恰切地理解物质现实。

事实上，马克思主义理论实际的描述能力是最强大的，其对于资本主义进程的描述，如果要指出这一点的话，我们可以说，他描述得太保守了，“通常被归入虚拟资本主义的现象（期货贸易以及类似的抽象金融投机活动）所指向的难道不正是‘实在的抽象’一统天下的世界吗？而且它达到了至高至纯的境地，远比马克思的时代更激进”（ibid.：12）。“幽灵实在”（Real of spectrality）（ibid.：

12)这一概念中所包含的明显的矛盾确实是显而易见的。要充分理解作为一个人去体验现实是怎么回事，就得承认幽灵恰恰具有实在的效果，这一点至关重要。其理论基础是拉康对于现实——我们对日常的物质世界及其中活动着的人的通常的理解——及实在界(the Real)二者之间的区分。这是拉康对那些反抗随意象征化的因素进行精神分析的观念，是我们还不能给出确切概念或者无法用语言表达出来的存在之核心。在全球金融危机的特定背景下，"现实"是人们相互作用并参与制造商品的生产过程之中这样的社会现实，而"实在"是"势不可挡的'抽象'，是资本的幽灵逻辑，它决定了社会现实中的事态"(ibid.：11)。因此，工人们也许在工厂里一起工作，但他们最终的命运却取决于千里之外的显示屏上瞬息万变的数字所代表的幽灵逻辑。

波德里亚和齐泽克对拟像的批判分析被人们忽视，
60 就像前文中提到的哈里，讽刺其为"漫不经心的小电影"(unserious confection)。对他们批评指责的人声称自己坚持现实原则，并以此来抵制后现代理论的倾轧。但他们的行动掩盖不了一点，那就是对于这一原则本身，他们缺乏信仰。这反映了他们犬儒式的相对主义。这种犬儒的否定也见于公司企业，如星巴克最近致力于吸收其专营店的典型要素，打造出独立的社区咖啡店：

> 星巴克最近在其总部所在城市西雅图开了一家店。没有采用它常用的去皮原木装修和平

> 庸的艺术装饰品，而是试图捕捉垮掉的一代[1]经常光顾的那种咖啡馆的风格——这也掩饰了星巴克里有醉汉这一事实。这家店将被命名为“第15大道咖啡茶馆”(15 Avenue Coffee and Tea)，显然它要模仿当地的一家独立咖啡馆。
>
> 星巴克发言人说这个咖啡馆将会带着“商业”面貌，咖啡豆罐子敞着口，还有手磨咖啡机。会放现场音乐，还有诗歌朗诵。在董事长霍华德·舒尔茨(Howard Schultz)推动星巴克艺术寻根的努力之下，在西雅图至少还有两家门店重新装修，整装待发。
>
> 供职阿莱格拉策略公司(Allegra Strategies)市场咨询部的史蒂夫·哥谭(Steve Gotham)认为星巴克的这一举措是明智之举，因为顾客需要的是品牌咖啡馆之间的差异：“本地化及地域相关性这一问题还有待探索——这是需要更多运营者去开发利用的消费趋势。”(Clark，2009)

市场咨询顾问和顾客各自利用精心设计的、文化气息浓厚的新商业氛围，他们深知企业并不能造就真正的“地域性”和“地域相关性”，但它们仍然乐此不疲，仿佛它们能做到。然而，对于消费者而言，幻想性的经历比任何原处经历 61
都更吸引人，也更“自然”——这是拉里·大卫的诙谐笑闹和乔治·康斯坦萨的招牌话语深处严肃的哲学议题。

---

① 垮掉的一代，特指20世纪50年代在生活、穿着和行为上表现另类的年轻人。

结论:精神即骨头(勃起)[①]

精神的存在即骨头。[Hegel,1977 (1807): 208]

世界上最轻的物体是什么?是阴茎,因为它是唯一一个动动念头就能抬起的东西。(*Ticklish Subject*:382-383)

在上面的引文中,黑格尔哲人隽语,概括了抽象和物质之间密不可分的联系。这也是莎士比亚戏剧性地安排哈姆雷特拿着尤里克头盖骨(Yorick's skull)思索时所要表达的深意。而齐泽克则以充血肿胀的"肉欲",来充实我们的生存条件中微妙的高贵/低俗本质,以及非物质所具备的悖论性的物质效果。虚无、断裂和缺席有着生产性和基础性的力量,而一大部分媒介所暗含的意识形态,正是建立在对这种力量的控制和操纵之上的。然而,在象征秩序的中心明确地反射虚无,却常常稳妥地被虚构的(尽管是极富创造力的)形式保护起来,比如《抑制热情》(*Curb Your Enthusiasm*)这样的虚构形式——这个标题有揭示性,是超我的禁令,但在齐泽克那里,它却是更为积极的号令"享受你的症状!"的消极后果。齐泽克在哲学领域的重要性得自乔治·康斯坦萨和拉里·大卫对

① 原标题为"Spirit Is a Bone(r)",出自黑格尔《精神现象学》中的描述,"具有自我意识的个体性的另一个方面是它的实存,这种存在要么是一个独立的东西,亦即主体,要么是一个物,亦即骨头。"而英语"骨头"(bone)一词加字母"r","boner"则表示"勃起"。

于标准情景喜剧的现象学叙述：二者都认识到，许多物质，无论是喜剧的还是悲剧的，确实都出自虚无。齐泽克远非后现代的相对主义者，他追求真理，尽管“不是去追逐‘客观的’真理，而是要恪守人的述谓位置的真理” 62
(*Lost Causes*：3)。换言之，鸡可能并不知道疯子和一粒谷子的区别，阿甘(Forrest Gump)认为生活犹如一盒巧克力，但齐泽克明白性变态者那支原本半透明的羽毛、转瞬即逝的性的遐想、在资本主义的液晶屏上闪现的数据，以及那个搔痒棒都饱含深意。

注释：

[1]感谢大卫·托姆(David Thom)让我注意到这里有同音异义。

[2]引自《人和动物的情感表达》(*The Expression of Emotions in Man and Animals*,Phillips,1994)。

[3]原图可访问：*http://faketurkey.blogspot.com/2009/04/fake-turkey-comes-full- circle.html*。英国政治漫画家斯蒂芬·贝尔(Stephen Bell)的进一步符号象征解读可访问：*http://www.guardian.co.uk/cartoons/stevebell/0,7371,1099119,00.html*。最后，为纪念这一事件而起名为“火鸡晚宴乔治·布什玩偶”(Turkey Dinner George Bush Doll)的玩具在美国各折扣网店有售。

[4]此主题的进一步陈述参见竹潘齐克(Zupančič,2008)：查理·卓别林在影片《淘金记》(*Gold Rush*)中扮演一个知道如何行动如鸡的人。

[5]这篇文章配着一张齐泽克在波德加湾的静态照片，这很不切题，这张照片取自与之无关的纪录片《变态者电影指南》(*The Pervert's Guide to Cinema*)。

[6]这一主题更多内容参见竹潘齐克(Zupančič, 2006;

Zupančič,2008)。

[7]感谢大卫·J. 贡克尔教授(Prof. David J. Gunkel)对于《抑制热情》(*Curb Your Enthusiasm*)与《宋飞正传》(*Seinfeld*)之间关系的见解。

第三章 大他者(老大哥)①：对媒介进行精神分析

引子：对现实的中介

……人类"正常的"性行为有着双重自慰的结构：伴侣双方都借助于一个真实的伴侣自慰。然而，交配的赤裸裸的现实与幻想对其的补充之间，有着无法弥合的鸿沟；随之而来的性实践的各种变化形式及替代形式，都是种种试图重新平衡二者的孤注一掷的努力。(Parallax：12)

有时，性交……能令人满意地代替自慰。但需要很多的想象，才能达到这个效果。(Karl Kraus in Szaz, 1990：154)

即便像卡尔·克劳斯(Karl Kraus)这样的对精神分析永不妥协的批评者，也认识到幻想在平淡的现实中所起到的建构性的作用。上文中齐泽克把二者匹配起来的评论向我们表明，

① 原文标题为"Big (Br)other"，故译为"大他者(老大哥)"。其中"大他者"来自拉康理论，指的是象征界秩序中的一个结构性配置，是语言的中心。而"老大哥"原出自乔治·奥威尔(George Orwell)的名著《1984》，"老大哥"是书中的政府头目。1999年诞生于荷兰，红遍全球的社会实验类真人秀节目也命名为《老大哥》。

甚至是性行为，它或许算是我们与纯粹的现实之间最原
64 始的、最具动物性的相遇，其实也充满了幻想。幻想的概念通常被理解为应与现实“本身”区别开来的想象性因素；如果没有其“想象的补充”，人类经验的确凿无疑的现实层面，比如性，就不可能存在，因为这样一来，我们将无法超越动物交配这种最为基本的行为。性与现实尤其直接地（真实地代表了现实的）相遇，但在我们接触社会的所有层面上，起到同样建构作用的是想象。齐泽克反复借用德国唯心主义哲学家的理论，尤其是康德和黑格尔，同时结合精神分析理论，对我们常识性的“现实”观念所未逮的事物，做了极其丰富的概念性描述。这赋予他探索能力，去发掘那些建构了现实的各种断裂和缺席的抽象拓扑学，并去研究他们是如何为电视、电影和赛博空间之类的媒介形式充当中介的。

实在界

实在界（The Real）为语言所不逮。用大写形式，是为了把它和有关现实（reality）的传统观念相区别。“现实”一词是对“我们清醒地体验到的一切”的统称。实在界无法捕捉，不能量度。唯有通过其影响和情动才能体验。维持哪怕最基本的精神健康，我们也需要通过一系列必要的理想化想象，来建立现实赤裸裸的实是性与知觉之间的联系。人类语言的前提是，我们需要提取额外的知觉数据，借用之前用过的那个语义学的例子，“树性”（treeness）才能替代林林总总的各种树，它更加准确，却

无法穷尽我们想要详细描述的每一棵具体的树。精神病状态往往与无法从我们的知觉体验中充分提取的这种具 65
体性相关。萨特的小说《恶心》[*La Nausée*,1983(1938)]的主人公罗冈丹(Roquentin),就是文学作品中的一个典型例子。有一棵栗子树,它纯粹的物质性让对此高度敏感的罗冈丹烦恼不已。他脚下的栗子树根粗糙而令人生厌,这种独特性几乎压垮了他。萨特以小说的方式再现了康德的**物自体**(the thing in itself)和拉康的**物**(the thing),在罗冈丹的眼中,树根在他的生活里四处蔓延——这是终究无法言表/无法再现的自然之力,是它的树根般的"物性":

> 这个树根,它的颜色,它的形状,它僵硬的走势,潜伏在……一切的解释之下。它的每种品质都稍稍逃离它,流溢其外,半凝固起来,几乎成为一个东西了;在树根里,每种品质都是多余的,而整个树根此刻让我觉得是在翻滚,它稍稍脱离了自身,否定自身,迷失在一种奇异的盈余中。我用鞋跟去刮擦这个黑爪一样的结,我本想把它的皮刮掉一点,不为什么,就想鄙视,想在它棕褐色的树皮上刮出荒谬的粉色伤痕:想玩弄一下这世界的荒谬性。可是,当我缩回脚时,我看到树皮仍然是黑色……它像颜色,但也像……伤痕,或者分泌物,或者羊脂——或者别的东西,例如气味;它融入了潮湿土壤的气味中,湿润木头的气味中,融入一种黑色的气味

> 中，像油漆一样蔓延在这多节的树木上，融入一种甜甜的、果浆四溢的纤维的味道中。我不是简单地看见这个黑色：视觉是一种抽象发明，是一种彻底清洁过的简化了的概念，人的概念。这黑色，无形而柔弱，远远超越了视觉、嗅觉和味觉。然而，这种丰富性变成了混杂性，因为过于丰富而不再是任何事物。

66 在解释实在界和现实二者的差异时，齐泽克借助了我们目击极端暴力或者露骨的性内容时的体验。在回忆中，原初的体验会“去现实化”(derealized)，几乎像幻觉一般，以至于当我们试图再返回“正常的”现实时，很难把两个领域想成是相同的：“这就是拉康区分现实和实在界的目的——我们永不可能获得完整的、包罗万象的现实感，它必有某个部分被‘现实的缺失’所影响，丧失了‘真实的现实’之特征，这种虚构性的因素正是创伤性的实在。”(*Real Tears*：66)

电影《好人》(*Good*，Vicente Amorim，2008)生动地展现了实在界中的幻想的一面，幻想不可或缺，无法摆脱。维戈·莫特森(Vigo Mortensen)饰演约翰·哈尔德(John Halder)这一角色，这个角色是一个纳粹党得势时期的德国科研人员。音乐在他的生活中不断地、但又牵强地出现：例如，他妻子(他去见一个年轻的情妇时撇下她，这是他数次出轨中的一次)通过不断地弹钢琴来缓解她的精神疾病，而这就是哈尔德做日常家务时的配乐。整部影片中，他始终自欺欺人地以为一切并没有那么糟，以至于他本人在纳粹党中身居要职,与此同时,他还深信他从根本上是反对纳粹党的。直到他去一个死亡集中营找一个之前没能帮到的犹太朋友时,他才幡然醒悟,但悔之晚矣。应景的是,这一幕恰恰发生在四个湿漉漉、脏兮兮的囚犯听到音乐的那一刻。正是在影片的最后这一幕,他才认识到形势的严峻,他一边哭,一遍自己嘀咕着“这是真实的”,在最后一个镜头中,一个个的音符慢慢地被新来的囚犯的嘶叫声和看门狗邪恶的吠叫声所淹没。 67

齐泽克的作品始终受益于拉康的实在界,它与传统的、常识中的现实观念有着根本的区别。哈尔德当纳粹官员的那些日子似乎就是一场真正的幻梦,梦中他自说自话地否认周遭的邪恶。直到他听到那种不食人间烟火的、梦幻般的音乐时,他才骇然从他对周遭现实的防御性的、妄想性的过度认同中醒过来,才开始真正感受到了纳粹所犯下的滔天罪行,对此他一直自欺欺人,没有直面,最终这种恐怖使他流下了痛苦的泪水。[1]

拉康与德国唯心主义哲学家黑格尔、康德、谢林(Schelling)等人一样,关注的重点是非物质的力量——抽象的、理想化的、消极的——拉康描述了个体与环境之间至关重要的结构性关系,这种关系本质上是内在的、自身的、没有实体的。人类的境遇就卡在无法抗拒的残酷物质性之本体论现实这一斯库拉(Scylla)[①]巨岩(这是罗冈丹与栗树的对峙)与不可言喻的非物质的实在界的卡律布狄斯(Charybdis)旋涡(这是哈尔德的大马士革醒悟[②])二者之间。由此,我们需要一个象征秩序来在两个极端之间进行导航。然而,这是以需要认识到"语言核心处所镌刻的那种不可能:语言是无法抓住实在界的"为代价的(*They Know*: xiv)。这就是为什么哈尔德需要音乐的介入才能得到启示。

象征界

正如前文所描述的,进入象征秩序(the symbolic order)的代价是阉割,这是我们无法逃避的能力的丧失,通过它来充分描述要进入象征王国,我们丢掉了什么。下
68 面的文字引自《何为文学?》(What is Literature?)一文,在此,萨特强调了我们概念化的能力与感觉经验之间的反向关系——要得到一方,总是会失去另一方。

> 梅洛-庞蒂(Merleau-Ponty)在《知觉现象

① 斯库拉(Scylla)是希腊神话中吞吃水手的女海妖,有六个头十二只手,腰间缠绕恶狗组成的腰环,守卫墨西拿(Messina)海峡的一侧。卡律布狄斯是希腊神话中该亚与波塞冬的女儿,被宙斯惩罚扔进墨西拿海峡,积愤难平,每日三次吞吐海水,形成巨大的旋涡,吞噬经过的船只。现实中斯库拉指墨西拿海峡一侧的一块巨岩,该巨岩面对的正是卡律布狄斯大漩涡,地势险恶,故习语"between Scylla and Charybdis"指进退两难的境地。

② 大马士革醒悟,指圣保罗在前往大马士革的路上听到了上帝的召唤,于是皈依基督教。故"通往大马士革之路"往往指观点或信仰的转变。

> 学》(*The Phenomenology of Perception*)里业已指出,感觉之品质,不管多寻常,无不渗透着意义。但是附着在其中的那个小小的意义,不论是轻盈的快乐还是淡淡的哀愁,都内在于其中,或者像一团热雾在它周围颤动;这个意义就是颜色或者声音……的确,人们可以约定俗成赋予它们符号的价值。花语就是这样讲开来的。但是,如果说我认同白玫瑰意味着"忠贞不渝",这是因为我已经不把它们看作玫瑰;我的注意力透过它们而指向高于它们的那个抽象属性。我忘了它们。我不再去注意白玫瑰的芬芳馥郁,开得如火如荼,也不会理会它们滞留不散的甜香,我甚至没有感觉到它们。[Sartre,2001(1948):2]

面对专断的无法抗拒和令人沮丧的此世存在的不可言喻,如何定义自我,是令人苦恼的问题。萨特的存在主义是对这一问题的持久战。这种不可言喻性,要么轻如薄纱般微妙,如上文中那"淡淡的哀愁",要么黏稠流溢,如罗冈丹的际遇。玫瑰丧失了"滞留不散的甜香",诗意地唤起要进入象征秩序,获得有效交流,需要付出的经验上的代价。

想象界

想象界(the Imaginary)描述的是对虚假的整体性的

幻想，它稳定、没有敌对性，却是误导性的。它属于现象
69 学的范畴。媒体对于各国联合入侵伊拉克的报道体现了这一概念。就像前文提到的2003年5月1日在美国“林肯号”航母上举行的“使命完成”记者招待会，此外还有其他为时过早的居功自傲的做法，如把萨达姆塑像的脸部用星条旗遮起来等。这代表了一个在地缘政治意义上非常重要的征兆，它表明西方媒介与景观之间不健康的关系，导致我们搞不懂我们看到的是什么。把狂妄自负报道出来是非常糟糕的，因为它预示了接踵而来的灾难：他们其实达不到战后应变计划要求的水平。就在把星条旗盖到萨达姆塑像脸部后，由于当地伊拉克人靠人力没能推倒萨达姆塑像，美军旋即动用军事装备进行干预。军队这种把伊拉克人晾在一边的做法，很明显与美国完全不顾及占领区的伊拉克自治，却在其国家建设上处处指手画脚的做法如出一辙。我们一旦进入象征秩序，就面对着无法避免的问题，想象界代表着一种利落但错误的解决办法。而战后伊拉克就是象征界实在效果的悲惨见证。齐泽克的政治哲学持续关注象征/想象错综复杂的纠缠，而西方政客们对国内外政策目的之想象界进行操控，二者的视角截然不同。与萨特不同，彼得·曼德尔逊认为社会主义的红旗已丧失暴力历史的辛辣刺鼻气味。重新举起的这面大旗，确立的是无气味的红色玫瑰标志，它传递的是一个政治上已经褪色的政党——新工党的微弱意义，这一意义与其说关乎哲学，还不如说关乎玫瑰花。

大他者

我们对社会现实的体验是上述三种指示方式相互纠缠而形成的。实在界需要被中介。这些中介过程需要想 70
象界和象征界的各种建构,但在这些建构的表层之下,实在界在持续发酵。要想既作为个体,又作为社会的人全面地存在,我们需要象征秩序,它就是**大他者**(the big Other)的缔造者。在最基本的交际层面上,象征秩序表现为我们使用的语言中的语法规则。在这些规则之上,还可加上更为广义的、不言而喻的社会背景,语言在其中运作:

> 我遵循的规则有个特点,非常分裂:有的规则(和意义),出于习俗,我是盲从的,但如果反思一下,至少其中有一部分我是有意识的(比如普通的语法规则)。也有一些规则,一些萦绕在我脑海中的意义,我是浑然不知的(比如一些潜意识的禁忌)。还有一些规则和意义,我对它们是有意识的,但得公开装作我没有意识到它们——对于肮脏下流的暗示,人们都心照不宣地保持得体的举止。这种象征空间是我们衡量自己的一把尺子。(*How to Read Lacan*: 9; 1997c website)

齐泽克借用那个与超模辛迪·克劳馥(Cindy Craw-

ford)发生性关系后不知所以的贫穷农夫的故事，来幽默地展现大他者的性质，它兼具基本的社会性及彻底的个人性。由于没有更好的选择，辛迪只好跟农夫发生性关系。但当她出于礼貌问农夫是否满意时，农夫又提出一个要求——让她贴上假胡子装扮成他最好的朋友的样子。辛迪照做了，农夫用胳膊肘碰碰她的肋部，说道："你猜怎么着，我刚跟辛迪·克劳馥上床了！"在这里，关键问
71 题是没有绝对的私密时间这样的东西。我们最亲密的行为只能发生在这把尺子的阴影之下，我们无法不以它为标准来衡量自己——这就是大他者，它总是幽灵一般地潜伏在我们意识的大背景之中，但效能却并不因此而降低。尽管在一个"正常的"社会中，必然要求横跨实在、想象和象征三种指示方式，但因为大他者的象征效能被超实在符号那超级有效的信息传输所殖民，所以当今的媒介景观与众不同。

被中介的个体

> 通常情况下要尊崇童贞，但却渴求它在特定情况下的破坏性，这就是人们所以为的正常。[Kraus，2001(1923)：12n100]

请克劳斯(Kraus)见谅，我们在日常生活中见到的特定的现象/物体，与我们用来向自己和他人解释这些特异性的一般范畴之间，存在着不可化约的紧张与无法跨越的鸿沟。我们无法摆脱交流需求，因为我们对现实的个

体经验需要与更广泛的社会意义体系之间进行交流,后者支撑起个体的经验,这样就衍生了象征秩序。这种复杂的交互过程迫使齐泽克将精神分析与前两章研究过的哲学理论相结合来解释它。齐泽克对于处于存在(being)核心处的断裂的理解,吸取了德国唯心主义哲学传统。齐泽克的这一哲学解释,充实了他对个体与社会象征秩序之间结构性断裂的精神分析解读。结果证明,这是行
之有效的理论方法,尤其可用来探索媒介科技出现所带 72
来的进一步复杂化的象征秩序的媒介功能。前者使再现功能更为复杂,后者作为特例与普遍之间基本的中介手段这一功能也进一步复杂化了。

康德区分了我们以感觉为媒介而感知的物体与物自体本身,康德这一论断举世闻名[Kant,1965(1781):B xxvii]。对于有限的人类,事物在现象的现实中显现给我们的方式限制了我们的认知,而物自体是什么,永远不可企及,"永远未知"(ibid.:A 42/B 59)。然而,对于齐泽克而言,康德的分析还不够彻底,他的原创性区分了本身固有的某种局限性,这使他固步自封。黑格尔对于齐泽克的吸引力可以说在于黑格尔比康德更像康德。"正是康德",齐泽克写道:"在摧毁形而上学的路上只走了一半,却仍然坚持认为物自体是永远不可企及的实体;黑格尔只是一个激进的康德,他从通往绝对的否定之门起步,最终向把绝对自身当作否定迈出了一步。"(*Parallax*:27)按照齐泽克的解读,黑格尔不满意的是,康德的哲学革命不彻底,未成功。

对康德而言,尽管对于有限的人类,物自体永远不可

企及，但其仍然是肯定性的、实体性的物。黑格尔则认为这既牵强，又不合逻辑。他因此而批评康德，并不是嫌康德坚持必须要给人的认知能力加上限制，或者他坚持认为物自体本质上是无法理解的，而是批评他错误地假定物自体是某种肯定性的、实体性的物，因而错过了这一事实：物本身“只不过是直觉的现象内在固有的限制罢了”
73 (*Tarrying*：39)。此外：

> 在康德认为只是对物的否定再现的地方，我们已然置身物自体之中——因为这个物自体不是别的，而是激进的否定。换言之——从黑格尔那被广泛应用的思辨旋钮（Hegelian speculative twist）来看——对物的否定性的经验必须转变成对物自体作为激进否定性的经验。(*Sublime Object*：205-206)[2]

在齐泽克通过黑格尔对康德的解读中，无所不在的现实总是不可磨灭地带有最小差异（minimal difference）。悖谬的是，为了能够对此有所体验，我们对现实及我们的主观自我的感觉需要有一个不可化约的断裂和一种欠缺，才能从中生成有意义的经验。就主体和它所栖身于并相对峙的永恒的物质世界的关系而言，这种欠缺/断裂可通过我们建构的象征秩序来解释，这样原本极其粗糙原始的现实，就具有意义，不再难以应付。

尽管象征秩序是现实的一部分，它也有助于再现现实，并且它具体切实地影响着人的生活，我们却无法从有形的实体的角度去理解它。大他者是拉康用来描述这种不可名状的结构的术语,是一个社会性的宝典,人们所信奉的东西都集中在这里,投射在这里,我们都依赖它、参考它。套用玛格丽特·撒切尔(Margaret Thatcher)的话来说,没有个体这种东西。表面上看来独立的、自治的实体——人自体(a person-in-herself),本质上却依赖于外在的因素为自己定义。只有当个体成功地把外在的象征秩序内化了,他才能作为个体而存在——一个人作为自治的主体之身份预设了主体化的状态。在媒介当道的时代,社会和个体之间这种非物质性的中介过程又进一步被媒介科技和形式所中介,近年来其最明显的发展变化 74
之一就是真人秀电视节目的兴起——尤其是《老大哥》(*Big Brother*)。这一节目的总体设计思路很明显,即把对他人的外部监视,置于个体观众的观看之下。然而,这个节目的潜在意图使得个体和群体很难分离开来。节目把对个体的监视行为展现为喜庆的公共体验,成为大家一起投票做决定的集体活动。齐泽克以同样的方式来描述个体与包罗万象的社会象征秩序之间的关系,他的描述从本质上将二者相互关联。例如,不可能有真正的遗世而存的孤独者,他假想了一个他试图远离的广阔社会:

> ……社会域(the Social),即社会实践和社会共识的领域,它不仅与个体经验分属不同的层面,而且个体还必须与它相联系,个体必须把它体验为一种秩序,这种秩序的每个细枝末节都被"物化"(reified)和外化。因此,问题并不是

> “如何从个人层面跳向社会层面”，而是如果主体要保持“精神健全”，“正常”发挥作用，那么体制化的实践行为及信仰应有一个外在—非个人的（external-impersonal）社会—象征秩序（socio-symbolic order），这个秩序该如何建构？［那个众所周知的自我主义者就是个例子，他对道德规范的公德体系嗤之以鼻，不屑一顾：通常，只有当制度就“在那儿”，人尽皆知时，这样的主体才能发挥其作用。也就是说，要想私下里成为一个犬儒，他得先假定有幼稚的人（们）存在，他们“真正相信”这个制度。］换言之，个人与“非个人”的社会维度之间的断裂反过来是要镌刻进个体自身的：这个社会实体的“客观”秩序，只有在个体将其视为社会实体并与之关联起来时才会存在。（*Parallax*：6）

75 尽管精神分析本来是对个体的治疗程序，而德国唯心主义旨在解决表面上看起来很抽象的本体论问题，但二者结合起来就是极其实用的工具，可借助这一工具来理解当今非物质的，却高度有效的/情动的社会中介过程——我们当代的大他者（老大哥）［big (Br)Other］。

象征效能抑或在电影院和赛博空间中大开眼戒[①]?

> “客观地主观”(objectively subjective)这一概念,即从“客观”意义上构想的表象,标识出的是这一刻:客观的现实与主观的表象之间的差异,在主观的表象内部被映射出来的那一刻。我们从这种现实与表象之间“映像—假象”(reflecition-into-semblance)的对立中获得的,恰恰是客观的表象(objective semblance)这种悖谬的概念,这种“事情如何真的就是看上去的那个样子”。这里寓居着客观领域和主观领域的辩证综合(dialectical synthesis)——不仅在于作为被中介的客观现实(objective reality)所表达的主观表面现象之概念,而且在于一种表象之概念,它将自身客观化,并开始作为个体实际上所怀有的单纯的主观表象之对立面,作为“实在的表象”(大他者所支撑着的表象,象征机制)而起作用。(Žižek,1998 website)

上述齐泽克对客观表象(objective semblance)的解释,乍一看尽管繁冗拖沓,但却一针见血地直指象征效能

① 原文标题为“Symbolic Efficiency or Eyes Wide Shut in Cinema and Cyberspace?”,作者套用了库布里克执导的最后一部影片的片名,“*Eyes Wide Shut*”,中文译为《大开眼戒》。影片讲述了内科医生威廉·哈弗[汤姆·克鲁斯(Tom Cruise)饰演]与其妻子爱丽丝[妮可·基德曼(Nicole Kidman)饰演]在上流社交圈里寻求刺激后回归的故事。

的影响之内核。象征效能将社会影响和个体感知到的影响二者强有力地组合在一起。要跟上齐泽克的思路，起初会遇到一些困难，这些需要参照他试图描述的人们感知到的复杂经验来加以抵消。客观表象从符号象征角度
76 上讲是非常有效力的。即使最顽固的经验主义者都能认识到非物质因素在人们的日常生活中所起的重要作用。不论是一个愿意为"女王和国家"抛头颅洒热血的战士，还是一个不图一己私利、一心为公的检察官，象征都是个宝(symbols matter)[①]。这里一语双关(将物质和非物质效果相互交织在一起)，齐泽克非常特殊的措辞："客观表象"，明显采用了矛盾修辞，理解它的关键词就是**辩证综合**(dialectical synthesis)。这一概念至关重要，既有助于我们理解齐泽克在揭示当代媒介的意识形态运作过程中，对德国唯心主义和精神分析思想的应用，也有助于说明主客观领域无法分离的性质。在深刻的本体论和心理学意义上，这些领域是相互自我建构的。

社会现实再生产过程中处处是被摒弃的信仰和过时的做法二者的纠缠扭结。前面已经指出，如果个体面对的是代表法律机构的人，如法官、警官等，哪怕此人是一个罪孽深重的人，他还是因为位高权重而保持他的象征权威。观察一下这个简单寻常的现象，带出了一系列复杂的问题，并对我们思考社会现实实际上是如何运作的产生影响。无论是在哪个制度下，对于某一特定社会的终极真理的重要性所持的普遍的怀疑态度与普遍的顺服

① 原文是"symbols matter"，这里 matter 一词是双关，做名词指"物质"，作动词指"有重要性"。

态度,是有可能并行不悖的。即便在理性的层面上,人们会与市场或者某党派保持距离,但社会运作中各种不同的做法和仪式仍会保持其客观上的功能性,这样,不被信任的实体才能维持自身、再造自身。

这种运作的前提是,"貌似吹毛求疵,但实际是'主观 77
上的客体性的'(subjectively objective)和'成为对象化的主观的'(objectively subjective)之间至关重要的区分是:康德式的超验地被构成的现实是主观上的客体性的(它代表主观地被构成/被中介的客观性),而幻象则是成为对象化的主观的(它指向一种内心深处的主观内容,一种幻想的产物,而这一产物悖谬地又是'去主观化的',是无法与主体的直接经验相通的)"(Žižek,1998,website)。这种情境的总体效果是,它让我们重归生命经验中物质/幻象密不可分、相互交融的性质。纯粹的现实无法逃脱主观的概念化。各种社会运作进程及机制的存在都是纯经验性的,自动会产生各种形式的象征效能,而象征效能又会反过来充斥于我们的概念化过程中,接着概念化又会反过来影响我们在物质世界的行为,在一个接一个递归的循环圈中,依次类推,循环不止,随时接纳媒介的介入。

在弗洛伊德的《梦的解析》[*The Interpretation of Dreams*,2001a (1900)]中提到这样一个故事,有一位父亲因儿子的去世悲痛欲绝,身心俱疲的他在儿子的棺材旁睡着了。他梦到孩子就在房间里,哭着怨他:"爸爸,难道你看不到我在被火烧吗?"(参见 Žižek,2006b website)最后,这位父亲被烟呛醒,原来是蜡烛点着了孩子的寿衣。齐泽克说这个故事可能不是真的。我们很容易去假设,燃烧的烟味成为他的梦境,所以尽管有东西烧着了,他还能继续睡着,而他之所以醒过来,只是因为停尸房里的烟味已大到他的梦境遮盖不住的地步。然而,一种更为骇人的解读却是,父亲能在追悼室醒过来,是因为他可以恢复意识,不去遭受无法安慰无助的儿子这种幻象的折磨,这是更严重的创伤体验。

78 斯坦利·库布里克(Stanley Kubrick)的电影《大开眼界》(*Eyes Wide Shut*,1999)展现了电影作品刻画这种虎视眈眈的创伤的能力,传统的社会现实常常不去正面思考这些创伤。这是一部专门探索一对夫妇的性幻想的电影,在片尾,当妮可·基德曼(Nicole Kidman)饰演的角色被她的爱人[汤姆·克鲁斯(Tom Cruise)饰演]问到接下来该做什么时,她回答道:“做爱。”齐泽克认为:

> 作为一个错误的出路,以及不去直面幻象中的恐怖阴间的办法,这里的**动作宣泄**(the passage *à* l'acte)的性质,没有一部电影能讲得这么出其不意:这条动作宣泄之路根本没有让这对夫妇获得真实生活中那种肉体满足,那样会使所有那些空虚的幻象显得多余。相反,这里的动作宣泄是一条权宜之计,是孤注一掷的防范措施,目的是控制住幻象的鬼魅阴间。仿佛她给出的信息是:我们尽快做爱吧,这样才能扼制住疯狂滋长的幻象,不让它们再次控制我们。拉康的隽语:逃离梦中见到的实在界,办法就是苏醒到现实中。这一隽语用在任何地方都

> 不如它用于性行为本身时更有道理:不能做爱时就别做这种梦——相反地,我们做爱,目的是不去做过多的梦,是扼制住过多的梦,否则它们就会控制我们。(*Real Tears*:175)

从这个角度来看,我们密切接触电影和赛博空间等媒介,不是要逃离,而是要逃入一种社会现实,它能更有效地保护(中介)我们,使我们不受那些隐藏在"正常"生活之下的真正的创伤问题和忧虑的困扰。

前文曾引用居伊·德波的观点:"在颠三倒四的世界中,真实只是错误的一个瞬间。"[Debord,1977(1967):N9]齐泽克在一段颇有德波之风的话中提到,我们对社会现实标准的理解,相对于关于这现实的绝对真相而言,是倒置的:

> 在"景观社会"中,我们的经验作为日常生活现实,越来越带有谎言成真的面貌,弗洛伊德的见地展现了它们真正的价值。有的人玩电脑互动游戏玩得无法自拔,这些游戏让一个神经质的弱者戴上屏幕上孔武有力的强者的面具,痛揙男人,狂玩女人。我们很容易这样想,这个弱者在赛博空间中寻求慰藉,以此来逃避无聊而又无力的现实。但也许游戏能说明更多的问题。在游戏中,可以把我变态的人格表现得淋漓尽致,平时只是由于伦理—社会的种种限制,我才没有在现实生活中去那样做,如果是这样, 79

> 问题又当如何？这虚拟的形象在某种程度上难道不是“比现实还真实”吗？难道不正是因为我意识到这“只是一场游戏”，所以我才能在其中为所欲为，做现实世界中绝不会去做的事情吗？恰是在此意义上，诚如拉康所言，真理(the Truth)的结构是虚构的：在梦境甚至是白日梦的伪装之下隐藏着的，有时就是真理，而社会现实就始于这种压抑的真理。这就是《梦的解析》的终极要义：现实是为那些忍受不了梦境的人准备的。(Žižek，2006b website)

因此，齐泽克对待电影、赛博空间以及四处泛滥、无所不及的真人秀节目的态度，比它们自己对待自己的态度要严肃多了。这是极其有效的伪行动，人们设计它们，就是为了逃入现实中，这样就不用去面对虎视眈眈的创伤了。

作为老大哥的大他者：伍顿·巴斯特小镇悲痛的色情性

> 梦工作(dream-work)……只能保证再现一
> 80 些想法的原材料，而不能再现把这些想法关联起来的逻辑关系；或者也可以说，无论如何，它预留了忽视后者的自由。[Freud，2001d (1905)：163]

> 电视中或情景喜剧中的内容和人物被反复“炒冷饭”，电视机中和电视机前成了同一个闭路时空，同时共演一场戏——人们观看自己被

> 观看的样子,或者人们发现看过的某场戏就是自己如今的处境——这一切都可以类比于弗洛伊德原创的(有远见的)梦的概念。他把梦看作日常琐事的回归,它们就这样同时地、公然地被展现,被压抑。(Rickels,1990:45)

各种刚冒头的想法无逻辑地聚集起来就是梦,而梦的进程就是"日常琐事的回归,它们就这样同时地、公然地被展现,被压抑",上文中把这两种描述联系起来,非常贴切地总结了景观社会中意识形态的功能。在景观社会中,图像优先于逻辑关联,也许当务之急是,公开的展现并不排除展现的同时又被压抑。视觉传媒同时在这双重的意义上进行**屏幕化**(screen):在加工某种现象时,它们既描述又简化。正如弗洛伊德致力于理解梦的图像间的逻辑关系,同样地,齐泽克试图追踪的是,当媒介放映那些通常无联系的、非意识形态的意象时,其中的有逻辑的、意识形态的要素。在这种语境下,需要面对的创伤,并不像罗冈丹面对栗树时,他所讲述的那种让人无法承受的现实的厚重,更多地在于,观察这棵树的个体本身骨子里缺乏需要与现实相对应的硬度,这可能会令人担忧:

> 拉康的观点,并不是在梦幻般的各种杂乱纷呈的身份背后,有某种"实在自我"(real Self)的坚固内核,而是我们要处理的是象征的虚构,出于某些与内在固有的结构毫无关系的偶然原因,这种虚构具有述行话语的力量(performative

81

> power)——它在全社会范围内起作用，建构着我所置身其中的社会—象征现实(socio-symbolic reality)。同一个人的身份，包括他/她完全“实在”的特征，在他/她与大他者的关系发生改变的那一刻，会呈现完全不同的面貌。(*Ticklish Subject*:330)

由此，主体性并不建构在任何一种内在固有的结构之上，而是建构在主体在象征秩序中所占据的相对的结构性位置之上的。齐泽克把他的一本书非常贴切地命名为《幻象的瘟疫》(*The Plague of Fantasies*)，他认为在我们当代的媒介景观中，核心的对抗在于高科技的抽象化行为(如数码化)和“伪具体的影像之洪流”(deluge of pseudo-concrete images, *Plague*: 1)之间的对抗，这助长了象征秩序抽象的述行话语力量。“伪具体的影像之洪流”这一表述囊括了客观地主观所含的张力。今天，我们周围充斥着的图像，几乎都不表达什么物质性，但却有着强烈的情动效果。主体在象征秩序中的位置，要由我们被迫创造的幻想(最小的理想化)所中介，由它来为我们穿过象征秩序导航，而这一中介的过滤为已经关卡重重的过程又增加了一重关隘。

《老大哥》节目把奥威尔式的理念引入赫胥黎式的娱

乐模式[1]中,这表明在今天的媒介景观中,要充分地理解这些过程中的精神分析的含义面对着怎样的禁绝(foreclose)。《老大哥》片场的实物建筑,是公然地过度决定的[庆典一般的入场和离场营造出了节庆的氛围,但这仅仅部分地改良了这一斯塔西[2]式的(Stasi-like)建筑],还有同样过度决定的娱乐模式(有专门记日记的房间,还有那种当事态过于即兴时,老大哥所发出的无人格的空洞惊叹,等等),这些让观众分了心,使观众不去关注《老大哥》 82
的精神面貌在更广阔的社会中的那些不那么明显的意识形态衍生品。对这二者的批判性解读,见于齐泽克对媒介通过意识形态屏幕化的媒介模式造成的负面影响的专门解读,英国小镇伍顿·巴斯特(Wootton Bassett)就是例子。最近,这个小镇成为英国媒体报道的焦点,当时举国上下对如火如荼的伊拉克和阿富汗军事行动中阵亡军人的追悼,都浓缩在这里了。最开始时是这样的,英国皇家退伍军人协会(the Royal British Legion,为现役及退伍军人发起各种运动的组织)的一些老年成员和路人,看到开往附近军事基地的灵车载着阵亡士兵的棺材经过时,他们半自发地列队街头,以示追思。这些展示性的悼

[1] "老大哥"原出自乔治·奥威尔(George Orwell)的名著《1984》,"老大哥"是书中的政府头目,监督所有人的行为。1999 年诞生于荷兰切红遍全球的社会实验类真人秀节目也命名为《老大哥》,因为节目设计要求嘉宾的一举一动都被记录下来播放到屏幕上,同时选手们在比赛时间内通过提名、投票等形式来进行淘汰赛,有赫胥黎"优胜劣汰"之意,所以称为赫胥黎式的娱乐模式。

[2] 斯塔西(Stasi)指的是前东德国家安全部,是 1950 年成立的秘密警察机构,其有一套完整的监视网络和控制体系。

念被新闻报道出来,马上就大范围地迅速扩散,各种媒体纷纷报道,全力以赴地捕捉公众的哀思,用于媒介消遣。

格调低俗,不论程度大小,明显都是主观性的,但走的也可能是相对而言客观性的路子。伍顿·巴斯特小镇的居民很快明白过来,他们是在为媒介剧本做群众演员,这类剧本不过是《戴安娜王妃之死》(*Death of Princess Diana*)这样的滥情电视节目的翻版,而且还有一种无病呻吟的呼声需要他们抵制,这种呼声就是有人要求把小镇的主干道重新命名为"英雄路"(Highway of Heroes)。在伍顿·巴斯特小镇的街道上,仪式化的哀伤里吸纳了与大他者的关系,又经电视摄像机的镜头的放大和中介,从而制造出一种问题化的意识形态移情。媒介报道铺天盖地,受此影响,对将士亡灵返家的哀恸变成了一种刻意的悲伤展览。从专业角度来看,《老大哥》和伍顿·巴斯特小镇都是大他者的实体化。更简单地说,它们展现了媒介的偏好:把那些本身不可能被清晰反映出来的东西
83 清晰化,这是媒介总想要做到的事情。大他者只存在于非物质的构造中。一旦它被媒介化,就如同《老大哥》/伍顿·巴斯特小镇一般,不再作为大他者而起作用。相反地,它成了逃避创伤事实的科技化替代机制。

没能小心间隙:真人秀节目中介的神经症

> "没有人是他的贴身男仆眼里的英雄":然而,这不是因为此人不是一个英雄,而是因为男仆只是个男仆,男仆与此人来往,不是因为他是个英雄,而只是因

为他的吃喝衣食。(Hegel,引自 *Fragile Absolute*:48)

黑格尔发现,伟人的男仆,因为太深入主人日常生活的细枝末节,所以欣赏不到他的主人的更为广义上的历史重要性。这一发现概括了理论作为一个帮手的价值。假如我们不想让我们对某个问题的解读迷失于过多的经验细节之中,有了这个帮手,我们就能与这一问题保持必要的距离。再现在社会深处发挥核心作用时,要求出现间隙,而当代意识形态的作用是淡化间隙——也就是说,意识形态对于各种不完整、不在场进行围追堵截。正如上文讨论的那样,这些不完整和不在场悖谬地把我们大部分的生活经验变成非物质的实体。清晰直白的媒介打着就事论事的幌子,其实是在意识形态化地建构着现实。媒介寓居在一个大他者的象征效能每况愈下的历史时代,它试图以更为专注细节的方式来表现社会现实,采用了各种指数级别不断增多的纷纷扰扰的画面。这一点在真人秀电视节目的崛起及意识形态的传播中体现得一清二楚。真人秀节目把新闻时事、狂暴的暴力与名人效应融为一体;而意识形态的传播,与预料的相反,往往伪装在一种显而易见的外表之下,就像前文结合《阿甘正传》 84
所讨论的那样。对于齐泽克而言,结果是"'大他者的非存在'(inexistence of the other)(象征效能日渐崩溃)之中的突变,有个悖谬的后果,恰恰是大他者的各种面相反而再次出现了,它卓有效力地存在于实在界中,而且还不仅仅是象征的虚构"(Žižek,1997a website)。媒介真正变态的地方,不在于它越来越清晰直白的性质、它的色情化再现（*social porn* in Taylor，2008b；Taylor and Harris，2008）、它对女性客体化的程度等，而在于媒介不懈地专注于建构一个媒介替代品，这一替代品具有象征效能，以对所有社会行为（不仅仅是性行为）的直率刻画为其根本。

本体论差异（Ontological difference）是对“事物之所是与事物之现实”（what things are and the fact that they are，*Parallax*：23）的区分。罗冈丹的恶心，戏剧性地刻画了人类对本体论差异的体验，一方面，是个体晕头转向地在知觉上与存在（Being）那种惯性的无情的对峙。另一方面，是个体对于其过度物质性的粗糙所产生的那种难以承受的感觉——无法用语言来充分表达栗树那种彻头彻尾的、永不间断的确凿性。我们日常的对现实（reality）的理解来自我们加工这种创伤性的实在界（Real）的方式，这样我们才能避免罗冈丹那样的生存危机。有些初看也许是幻觉的东西，实际上是人类与原始的存在（raw Being）间一种必要的互动模式。因而，正如齐泽克所言，我们需要“幻觉本身的虚幻身份”（*Real Tears*：68）。真人秀电视节目的崛起代表了对实在界本质上的不可介入性的一种过度补偿——它提供了一种被媒体中介后的现实来充当替代品。真人秀电视节目打着揭露现实新的层面的招牌，实际上它重新创造了一种面对栗树的变态的新形式——人类的忧虑在其全部那些惯
85 性的愚蠢和粗糙之中被呈现出来。[3]齐泽克反对真人秀电视节目，认为它最终是不现实地献身于科技化的现实主义。齐泽克理论上的运思借鉴了黑格尔的“具体的普

遍性”(concrete universality)概念,而它又反过来借鉴了最小差异的逻辑,“一事物与自身之间在构成性上的不同一”(*Parallax*: 30),来寻求以更为复杂的方式去追问社会现实。为了说明这一哲学区分的实践意义,齐泽克在他的《真实眼泪的恐怖》(*The Fright of Real Tears*)一书中描述了波兰导演克日什托夫·基耶斯洛夫斯基(Krzysztof Kieślowski)[①]是怎样从纪录片制作转向电影虚构的,因为拍摄人在现实生活中的真情实感,有一种吸血鬼般的性质,他对此已经越来越恐惧。

齐泽克论述道:“正是一种对于实在界的忠诚迫使基耶斯洛夫斯基抛弃了纪录片的现实主义——在某种程度上,人遇见了比现实本身还要实在的东西。”(*Real Tears*: 71)而且“在最极端的意义上,人只能在虚构的伪装下刻画主观经验的实在界”(*Parallax*: 30),或者说,正如基耶斯洛夫斯基本人所说的:“并非凡事都可言。这就是纪录片的大问题。它仿佛落入自己的圈套一般被自己绊住。”(*Real Tears*:72)因而真人秀这一诨名描述的是一个本质上自欺欺人的方案。由于现实是人们直接经验到的,它具备一个核心要素,就是那种类似欲望一般的、抽象的、不可拍摄但极其有影响性的情感。欲望,本质上是无法被满足的,因为一旦被满足,它就不再成为欲望。齐泽克发现,一个词就能改变一切,按照这一说法,欲望实际上是从一种动态关系的**处境**(situation)发展为一种毫无张力的**餍足**(satiation)。因而,这种**欲望处境**(situation of

---

① 克日什托夫·基耶斯洛夫斯基(Krzysztof Kieślowski,1941—1996),波兰著名导演,被称为“深紫色的叙事思想家”“电影诗人”。

desire)是一种直接感受到的情感,它悖谬地决定于它的未获实现(non-realization),它不易被拍摄——不触及色情片中的欲望终结区,人称“金钱镜头”(money shot)①。欲望与驱力(drive)之间还有更进一步的结构上的关联。
86 当欲望被兑换为未得到满足的愉悦时,就有了驱力。因为欲望是依据它与大他者的关系而被建构出来的,而不是在大他者内部被找寻出来的,所以大他者电视节目大行其道,这代表的是一种对于建构了我们社会现实的间隙和缺席的一种过度补偿性反应。它坚持不懈地努力要揭露得清清楚楚,这代表了一种非条件反射性的驱力,要去捕捉本质上无可捕获的实在界。

客观的揭露可以打开中性的现实,这一观念为齐泽克所摒弃:“这样就产生了某种多余的效果,单纯地‘去神秘化’(demystification)并不能去除它:展示画帧背后的机制是不够的,画帧本身的舞台效果要求获得自治……”(*Parallax*:29)真人秀名不副实,并没有实现“真”的目标,这证实了齐泽克的论断。“画帧要求获得自治”这一事实不仅表现在真人秀原本的内容上,这需要后续设计一连串的各种层次的附加媒介形式来评论[专用的附加节目如英国的《老大哥的小兄弟》(*Big Brother's Little Brother*)],而且还表现在一些“严肃的”传统新闻节目也采用的真人秀方式上(参见 Taylor and Harris,2005)。齐泽克以一幅画为例来阐发这一观点。我们对画作的感知框架弥补了画作实际的框架,尽管前者没那么明显,是

① “金钱镜头”(money shot),这里指色情电影中男演员突然射精的镜头。

补充性的。因而,一幅画的内容被组织起来从而实现整体上的效果,这种方式有其框架;而我们去看一幅画时,带着不同的文化期待——流派、背景、主流的艺术观念等等,这又创造出一个框架——由此:

> 框架总是双重的:“现实”内的框架总是与另一个用来框定“现实”本身的框架连在一起。 87
> 因此,现实与表象之间的分裂一旦形成,就立刻反射到自身之上,并立刻复杂起来:一旦我们透过框架,瞥见了另一维度(the Other Dimension),现实本身就会变成表象。换言之,事物并不只是简单地显现,而是显得在显现。(*Parallax*:29)

尽管这里对表象的分析可能“显得”过分深奥,过于理论化,但关键在于,正是理论让我们获得了一个视角,得以观看意识形态作为支柱所起到的作用,而不是空前地追求明晰的现实。这种支柱作用促使媒介宿命般地狂热地捕捉现实。从齐泽克的视角来看,媒介的这种努力在金融世界中与资本流通相伴而行,这绝不是巧合。重复一下齐泽克振聋发聩的描述:“资本疯狂地循环运动,又自我加强,在今天期货交易的元自反式投机中,资本循环的这条单性繁殖、唯我独尊之路达到巅峰。”(*Violence*:10)尽管对现实的狂热主导了电视节目单,发达资本主义商品拜物教的一个值得注意的特征,却似乎是唯一能使它运行的那些悖谬的复杂方式(几乎没有人真的相信像金融衍生物这样的抽象形式内在地带有价值的实体)。实际上,周期性的金融危机越严峻,对自欺欺人的需要程度就越迫切:资本主义制度自诩以非唯心主义和实用主义价值观为荣,实际上它为了运行下去,却积极要求谁都不能没信仰。

结 论

> 今天……“禁止入内!”在被逐步蚕食:想想看,近来有些做法,想把“严肃的”故事片和露骨的性画面结合起来,也就是说,在“严肃”电影中
> 88 掺入“硬核的”赤裸裸的性场景……于此我想说,从“纪实肥皂剧”(docusoaps)到《荒野求生》(*Survival*)竞技秀等各种名目之下的“电视真人秀”,仰仗的是同一个潮流,都要混淆虚构和现实的界限。那么这一潮流是以何种意识形态坐标系为其基础呢?(*Borrowed Kettle*:146-147;2004b website)

在本章中,我们已看到,齐泽克利用拉康式的媒介研究方法去直面大他者在起到结构性作用时那种环环相扣的本质。在个体的主体性与对社会偶然的现象学经验之间,大他者是起到结构性作用的。齐泽克利用拉康大他者以及实在界、想象界、象征界三位一体等概念,来说明我们常识中的现实概念,这并不能充分揭示某种影响在我们对于生活的直接经验中所起的作用。这种影响无疑

来自非物质、空白、真空和不在场,但其决定性的作用毫不逊色。幻象(及其运营的各种力比多灌注)在我们个体和社会心理中有着基础性的作用。尽管各种元叙事(如教会等)公然的象征效能已式微,但大他者却继续出没于客观切实的,尽管并非昭然若揭的形式中。让我们回答上文齐泽克的设问。电视真人秀的意识形态坐标系就是,商品拜物教的否定性犬儒主义向更为广阔的、非商品的社会话语领域的扩张,这些话语先前并不属于商品范围。在文化层面上,电视真人秀基础性的意识形态与资本主义逻辑无法忍受之轻并无二致,前者还对后者产生推波助澜的作用。聪明的观众也许对电视真人秀所号称的现实主义深存疑虑,但我们还是任由其个性化和煽情四处泛滥,象征性地把传统话语中更为现实的原汁原味给去除掉。如果说大他者是一个转瞬即逝的结构性关 89
系,那么老大哥则代表了一种稳定的、最终是实践经验性的实体,为了电视节目有利可图,我们捕获它。

齐泽克并不把各种不同的传媒技术解读为不偏不倚的中介,而是尽力去理解我们在屏幕上直接看到的效果,这也是媒介在我们自我构成的混沌内心中所起到的深刻作用。主体性必然建立在一种空白、一个断裂、一种分离之上,主体要想成为自觉的主体,必先与这种杂乱多变的现实相分离。主体的形成依靠的是一种缺席,这一悖论被我们所经受的象征的阉割深化了,尽管其有“去势削弱”之嫌,但它却赋予我们把一株植物称作玫瑰、把一棵树称作栗子树等的能力——我们付出了交际上声色犬马的代价,赢得的是特异的语言能力。媒介加剧了这个进程,并进而成就了我们交际的和符号象征的潜能,但我们又付出了代价,我们压抑潜在的力比多移置,发誓放弃幻想,但这二者是与媒介所播放的最终定义我们之所是的根本创伤亦步亦趋的。哲学上对这种意识形态效果的解释可见于黑格尔的著述,在此

> 否定之否定并不生产无问题的肯定实体。一旦我们开始思考现实与其表象的关系,新的层面就出现了。例如,在最基本的层面上,表象拉开了事物之所是与其所不是之间的距离——后者是表象的幻象。在与之前引述的对于框架的描述相关联的另一个层面上,"事物也可能显得只是在显现,从而掩盖了这个事实:表象即其所是"。(*Parallax*:30)

格鲁乔·马克思(Groucho Marx)[①]在法庭上为一个人辩护时妙语如珠,"这人看起来像个'傻子',做起事来
90 像个'傻子',但绝不要被这一切所蒙蔽——他就是个'傻子'"(*Looking Awry*:73),齐泽克与此异曲同工。他借由黑格尔来表述自我意识自反性的德罗斯特效应(mise-en-abyme)[②],这一效应会出现在景观社会之中。这也是为什么基耶斯洛夫斯基拒绝拍摄纪录片而喜欢虚构作品,因为"我们在让人们扮演自己……在人保护自己而逢

---

① 格鲁乔·马克斯(Groucho Marx,1890—1977),美国喜剧明星。

② 德罗斯特效应(mise-en-abyme)是递归的一种视觉形式,指画面的一部分与整个画面相同,并无限循环下去。

场作戏的面具之下,刻画他们的唯一办法就是悖谬地让他们直接扮演一个角色,也就是说,步入幻境。虚构比让人做戏的社会现实更加现实"(*Real Tears*: 75)。对于齐泽克而言,"……存在一个领域,有着梦幻般的亲密行为,其标志就是'禁止入内'的牌子,如果人们想要避开淫秽色情,只有通过虚构才能进入"(ibid.: 72)。

齐泽克所谈的淫秽在两个层面上与今天的媒介景观相关。与其字面意义相关的是淫秽色情的电影越来越多,大量露骨的性画面,性别界限也崩溃了[如艺术电影《悲情城市》(*Baise-moi*)[①](Virginie Despentes and Coralie Trinh Thi,2000)和《亲密》(*Intimacy*)[②](Patrice Chéreau,2001)中的色情画面]。然而,淫秽也指其他并不卷入性行为的色情,因而对电视真人秀节目中选手间是否真的有性行为众说纷纭,就与美国总统办公室里莫妮卡·莱温斯基(Monica Lewinsky)身上发生的事情及比尔·克林顿(Bill Clinton)阴茎的确切形状完全是一回事情。人们肆无忌惮地谈论性,尽管"'一切皆话语',但要付出的代价是,当话语面对司空见惯的愚蠢的现实时,话语就'阳痿'了"(*Real Tears*:75-76)。在这样的氛围中,西蒙·考威尔(Simon Cowell)[③]得以提出"政治 X 因素"(Political X-Factor)(参见 Wintour,2009)。重大的政

---

① 《悲情城市》(*Baise-moi*),法国电影,描绘了两个感到被边缘化而用暴力报复社会的年轻女性的故事,影片充满色情和凶杀。

② 《亲密》(*Intimacy*),法国情色电影,2001 年上映。

③ 西蒙·考威尔(Simon Cowell),英国著名音乐和电视制作人,福克斯电视台《美国偶像》(*American Idol*)、《X 音素》(*The X Factor*)等著名真人秀节目的评委,以尖利严苛的评论著称。

治概念被媒介即时性的那种无言的物性所替代。媒介从概念上给予即时性过分的特权。而媒介的物性是罗冈丹的栗树的商业化后果,是意识形态的崇高客体化。

注释:

[1]这一电影情节的非虚构叙述见于费尼隆(Fénelon,1977)。

[2]感谢大卫·J. 贡克尔教授就齐泽克对康德和黑格尔的解读所持的见解。

[3]参见泰勒及哈里斯(Taylor and Harris,2008),结合"平庸电视"(Banality TV)概念对这一主题的讨论。

第四章 理解媒介：意识形态的崇高客体化

引子：意识形态的怪诞形式 91

……“媒介即讯息”，因为塑造和控制着人类关系及行为的规模和形式的，正是媒介。这些媒介的内容和用途五花八门，又百无一用……任何一种媒介，其“内容”迷惑了我们的双眼，让我们看不到这一媒介的特点，对于媒介，这是再寻常不过的事……[McLuhan，1995 (1964)：9]

仁爱始于家，怪诞(the uncanny)[①]亦然。[Haughton in Freud，2003 (1899—1919)：xlii]

上面的引文中，麦克卢汉强调，认识到媒介的形式与内容的关系对于理解媒介运作的模式是至关重要的。这应和了齐泽克的类似的观点。齐泽克也强调当代意识形态要发挥作用往往倚仗其传达模式，而非清楚明确的内 92
容——前文提到的意识形态的手推车。齐泽克采用精神分析的方法来剖

① 怪诞(the uncanny)一词出自弗洛伊德的一篇同名论文《怪诞》(Das unheimliche)，指因某事物的神秘或怪诞而产生的特殊的“神秘和令人恐怖的”经验。

析媒介景观，这迫使读者越过文化产品表面的含义，去发掘其蕴含的重要性。但若想恰当领悟齐泽克的方法，就需要恰当理解弗洛伊德梦的理论和马克思的商品理论。梦境中隐藏的深层意义不能简单地从梦/商品的特定意象/属性等的表层含义中推导出来。真正需要考虑的重点恰恰在于，深层次的意义借由表层内容得以表现出来的模式："无论是对于梦境还是对于商品而言，关键都在于要避免对假定的在形式之下隐藏的'内容'产生拜物迷恋：通过分析要揭开的'秘密'并非形式所藏起来的内容……相反，却是这一形式自身的'秘密'。"(*Sublime Object*：11)就媒介而言，正如麦克卢汉指出的，媒介不仅是讯息(message)，也是一种按摩(massage)。

有一则典型的齐式的笑话，完美诠释了齐泽克所执着固守的一个麦克卢汉式的观点，"真理不是单视角的，不是相对于另一个虚幻的真理而言'正确的那一个'；它只出现在一个视角向另一个视角转换的过程(passage)之中"。三个朋友在酒吧里聊天：

> ……第一个人说："我遇到了一件可怕的事。在旅行社，我原本要说'要一张去匹兹堡的机票'，结果说成了'要一张去体兹堡的机票'。"第二个人说："这算什么。我早餐时本想对妻子说'亲爱的，能把糖递给我吗'，结果我说的是'你这个泼妇，我这辈子毁在你手里了'！"第三个人收官："都别急，先听我身上发生了啥再说谁的最可怕。我整夜给自己壮胆，决定早餐时

> 就对妻子说你最终说出的那句，结果我说的却 93
> 是：'亲爱的，能把糖递给我吗？'"(ibid.:61)

如此一来，齐泽克就把我们从那毫不尖刻的、幽默的、标准的弗洛伊德式的口误（体兹堡）带到日常生活核心地带的创伤性情感真相之中。他帮助我们认清，最具创伤性的境遇其实并非是第二位朋友的真情爆发，而是言不由衷的那一刻。然而，话说不出口的背后是各种心理上的破坏性力量。这一见解真正令人不安的地方在于，它再次借用反李尔王的方式，一切尽在"不言中"。上文笑话中貌似祥和的早餐桌，从电影的角度看，恰似大卫·林奇（David Lynch）[①]执导的影片《蓝丝绒》（*Blue Velvet*）[②]的开场，林奇以仰视角展现了一大片修剪整齐的郊区草坪，以此来掩饰热闹的虚伪之下深不可测的阴暗。

齐泽克在方法上喜好剑走偏锋，发现怪诞（das Unheimliche），因此，当手推车从我们眼皮底下吱吱扭扭地推过去时，齐泽克尤其擅长侦查出其中的意识形态因素。"不可思议之处并非如一些人认为的那样，关联于各种突然涌出的无意识因素，而是关连于一种失衡，当幻想破灭，越过了原本给它设定的界限时，就会出现失衡……"

---

① 大卫·林奇（David Lynch），美国电影和电视导演、编剧、制片人、作曲家和摄影家，其电影作品风格诡异，多带有迷幻色彩和超现实主义风格。

② 《蓝丝绒》（*Blue Velvet*）是1986年由大卫·林奇编导的美国悬疑电影，成功结合了黑色电影与超现实主义元素。

(Lacan et al. 1977:22)。我们熟悉的事物往往带来混淆，为了与容易混淆的事物拉开距离，便于理论研究，精神分析学使用了德语中的“怪诞”(unheimlich)一词，尽管这个词通常被译为“离奇的”(uncanny)，但字面意思实为“不受欢迎的”(unhomely)。前后不一致会强化我们对怪诞的感知。这种不一致源自一种对特定形式的不适，它之所以对我们产生影响，恰恰因为我们见证的是“受欢迎的”事物(the homely)，只是视角不同，而这非常恼人。正如霍顿(Haughton)在前文中言简意赅地表达的那样，精神分析的态度使得我们重新审视那些可能已经变得过度
94 自然化的，并且丧失批判性的地方——它成为一种用来描述弗洛伊德所谓的“日常生活中的精神病理学”的方法[2001b (1901)]。

精神分析从一开始就关注日常生活。因此，弗洛伊德在前言中对他的第一个重要病例朵拉(Dora)[即艾达·鲍尔(Ida Bauer)]①做评论时，这样解释他把本来属于机密的病人信息公之于众的做法，“她无法从自己不了解的事物中获取信息”[Freud,2001c (1901—1905):9]。他还在别的地方提到，他的病人在回应他的分析时，常常说出这样的评论性的话：“事实上，我一直知道，只是我从未想到。”(引自 Thompson,1994:192)齐泽克把这种精神分析中的似曾相识，与个体在治疗接触过程中形成的亲近感结合起来，并将其延伸到更为广阔的当今媒介景观的社会环境中。这使得他能够彻底揭开“怪诞”所隐含的意

① 朵拉(Dora)，原名艾达·鲍尔(Ida Bauer)，癔病患者，弗洛伊德精神分析实验中的测试对象。

义,同时绕开在酒吧聊天的三位朋友的那种述谓位置的局限。

- 朋友 1:未能认清"无辜"口误的深层意义。从弗洛伊德的视角来看,偶然之中存在着必然。换句话说,"弗洛伊德式的口误是指'你说的是一样东西,指的却是你的母亲'"。(Anon)
- 朋友 2:没有创伤就无法沟通。
- 朋友 3:无法说出创伤感,最终注定受困于不忠实于内心的生活之中。

通过他的"患者意识形态批判工作",齐泽克让我们识别了故事中的三个人,梳理了他们之间的差距,使我们看到原本并不起眼的事物之中真正的不可思议之处。齐泽克的媒介分析以及他对形式与内容间的差距的重视有 95
一个特点,这一特点就是,他能从貌似正常和无害的内容中看到其实际蕴含着的重要意义——这就是早餐桌上实际在发生的事情。为了能够紧扣理论概念,同时把当下媒介化的意识形态在实践上的无耻行径再问题化,齐泽克亦庄亦谐,将基于创伤的哲学—精神分析见解与理论内容结合,这是他的理论要着力处理的形式/内容相互关系这一永恒话题的一个范例。这种创新的方式是必要的,因为在日常生活中,由于层层过滤机制的存在,我们无法认清我们最为熟悉经历——即**不可能的述谓位置**(the impossible position of enunication)之中深刻的意识形态性质。

不可能的述谓位置与意识形态的去崇高化

在弗洛伊德的一封信中，他讲了一则关于一位新婚男人评价新娘如何漂亮的笑话：

> “我真不喜欢她，但这只是‘萝卜、青菜，各有所爱’的问题。”……这个新郎在回答问题时假装采用了大众的述谓位置，从这一角度来看，“讨人喜欢”表现为一种气质特征，一种偶然的病理特征，如此，则不需要纳入考虑范围。因而，这则笑话的笑点在于新婚夫妇不可能的/难以维持的述谓位置。从这一位置出发，结婚就是一种隶属于普适的、由象征决定的领域之中的行为，因此不该受到个体气质特征的干扰——这就好似婚姻的观念本身并不关涉无来由地喜爱某个特定的人这样的“病理”事实。
> 96 (*Indivisible Remainder*：198，199；1997b website)

这一述谓位置的不可能性在于，这个新郎的回答显得很奇怪，只是因为我们会期待一个处在他这样的位置的人给出的“正常”回答，通常多少应带点儿不理性。婚姻需要一定程度的感情投入，并且只有从一个公众/法律/夫妻双方都认可这种关系的前提出发付出感情，才会显得“正常”。这位新郎，对自己的妻子是否美貌做了客观的评价，但他的不可能的述谓位置因而也就是不可能出现的位置，这不在于他的回答内容是否真实可靠，而是说有一套强有力的文化和个体的期待及传统观念，使得新郎不可能说出这样的话，除非这是一场权宜婚姻（例如，为拿到绿卡而结婚）。可以说，齐泽克的具有开拓性的《意识形态的崇高客体》（*The Sublime Object of Ideology*，1989）一书获得成功，其原因在于该书通过康德和拉康来重新提出马克思，以此来揭示原本平凡无奇的事物中的怪诞之处，尽管乍一看，此书怪异而陌生。齐泽克的分析让读者认识到，被媒介中介的生活，在现实中充满不可能的述谓位置，尽管它们就摆在我们面前，我们却只有在它们被指出的时候才能试着去了解。

对于康德的崇高概念，最常见的理解是，以一种情感为基础，即人类在面对令人震撼的如飓风这样的自然现象，或者如大峡谷（the Grand Canyon）这样广阔的物质实体时，内心所产生的惊奇感。这种崇高的观念对于分析媒介中的意识形态功能颇为实用，原因在于，尽管崇高体验表现的是被自然力量所征服的内心，但实际上，这种体 *97*
验却强化了我们对人类理性的优越感，它确保我们不受这种力量的控制。崇高的感受最终要经过大脑：我们努力将这种情感转化为审美体验，如此一来，我们就不会慑服于所面对的那恢宏的力量了。齐泽克重新校正了这一崇高概念，以展示当代媒介体系是如何作为一种崇高的意识形态体系而运作的，但却是以相反的方式，涉及的是自然现象中让人困惑的力量。媒介体系并没有激发非理性的敬畏，而是实现了意识形态效果，在我们的生活中充当文化壁纸，发挥的是去崇高化的作用。对此，齐泽克说道：

> 关于崇高化，人们应该记住拉康的终极教诲：在某种意义上，真正的崇高化与去崇高化是一模一样的。让我们以恋爱关系打个比方：“崇高”并不是让我们无法企及的冰雪美人——假如她走下神坛，她可能只是个丑八怪。当崇高的维度在夫妻日常生活中最平庸的细节之处显露之时，“崇高”便神奇地将两个维度**合并**（combination）——当这种神奇的维度通过像刷锅洗碗或者打扫房间这么普通的日常琐事显现出来的那一刻，爱情生活中也就出现了“崇高”的一刻（从这个意义来看，崇高和理想化是对立的）。（*On Belief*：41）

尽管我们对于马歇尔·麦克卢汉的名言“媒介即讯息”耳熟能详，但实际上，我们在消费媒介内容时，往往假定它传达的要么是相对而言客观、中立的新闻报道，要么是完全虚构的、不牵扯意识形态的内容，随意享用，完全
98 无害。由此产生的结果便是，“不可能的述谓位置就是当代犬儒态度的特点：在此，意识形态直接在桌上摊牌，将它运作的秘密公之于众，并继续发挥作用”（*Indivisible Remainder*：200；1997b website）。媒介意识形态的本质被自然化了，这意味着在媒介话语中，能像那位坦率的新郎那样做批判的，是少之又少的。媒介话语常常受到非理性因素的影响，但由于它司空见惯，总是以实事求是自

居，故而其逻辑上的怪异之处，往往被人们视而不见。从齐泽克的视角来看，主要有三种意识形态去崇高化模式：无知的意识形态者、犬儒无赖/意识形态者、非意识形态的意识形态者。

模式一：无知的意识形态者——博爱的种族主义者

路易斯安那州的一位治安法官说，他拒绝为一桩跨种族婚姻颁发结婚证，因为他担心这种结合对他们未来的孩子不利。坦吉帕霍阿县（Tangipahoa Parish）[1]治安法官基斯·巴德维尔（Keith Bardwell）说，按照他自己的经验，跨种族婚姻维持不了多久。

"我并不是种族主义者，我只是不看好这种跨种族的婚姻，"巴德维尔在接受美联社采访时说，"我的黑人朋友很多，他们来我家玩儿，我为他们主持婚礼，他们用我的卫生间。我并不歧视他们。"（Huffington Post，2009）

这条新闻有两种主要的矛盾：巴德维尔法官采取种族主义的方式处理问题，其理由是为了避免未来的种族主义；而他否认自己是在种族歧视——说"他们用我的卫生间"，但这一句恰恰是他不经意间流露出的种族歧视的证据。因为要表达这种否认，需要一个先验的推演前提，他得事先考虑黑人使用白人的卫生间是否合法——而这一考量的实质恰恰就是种族主义。由此来看，模式一是一个相对来说直白的意识形态去崇高化形式。尽管这一 99

① 坦吉帕霍阿县（Tangipahoa Parish），位于美国路易斯安那州东部的一个县，北邻密西西比州。

说法中含有一种表面看来是非种族主义的情感，它隐匿了其中的种族主义苗头，但这种笨拙的去崇高化使说这话的人难免得自己去处理话语中的失误。若将这种类型的意识形态延伸至整个社会层面，不管当权者能否就对他们的指责做出辩护，至少从政治角度来看明显是有过失的。

模式二：犬儒无赖/意识形态者和心照不宣的眼神

模式二代表的是“我很清楚，但是尽管如此”(je sais bien, mais quand même)的思路，第一章中所引彼得·曼德尔逊的事例，明显属于模式二。他被指责辱骂英国国际新闻公司的经理“笨蛋”——这个事件引出了好几个意识形态领域的议题：

(a)媒体在政治上衰弱无力。曼德尔逊的口误引起了短时期的争议，但并没有几个人认识到这一前社会主义政党的关键政治人物因未能取得全英销量最大的右翼小报《太阳报》(*The Sun*)的支持而恼羞成怒，这多么具有政治讽刺意味/不得体。尽管媒体仍能指出这种矛盾性，但这种批评的政治意味越来越显得过时。自称为新工党的这一政党，小心翼翼、处心积虑，迎合的却是资本家的利益，这意味着从社会主义的传统角度指责它，只可能被一句“拿真相说话”打发。

(b)集体的谎言——即使在自我解嘲中，系统本身也
100 **能发挥作用。**曼德尔逊辩解说他用的词是“笨蛋”，看客们都心照不宣，他的辩词依靠了这一点，同样也造就了这一点。道德层面对他的指责成了为人称道的巧舌如簧，借此，他开脱了对自己的脏话应负的责任。曼德尔逊事件表明巧言令色的否认已成为媒介体系自然而然的特色。齐泽克结合西尔维奥·贝卢斯科尼（Silvio Berlusconi）[①]和尼古拉·萨科齐（Nicolas Sarkozy）[②]出任国家首脑这一现象，声称当今大众传媒中介后的政治是对传统政治文化的反扑。如今，下流的内容被摆在明面上，而内在的信仰（如道德谴责）只能在个人层面苟延残喘。反观过去，公共话语会唤起社会所无视的道德和政治价值观，哪怕这些价值观经常在个别阴险政客的暗箱操作中被歪曲。这证实了阿伦特的观点，即一旦一个民族被证明是容易受骗的，或犬儒到了可欺的地步，那么哪怕“有无可辩驳的证据可以揭穿他们的谎言，他们也会拿犬儒主义做挡箭牌。他们不会抛弃满口谎言的领袖，他们会反驳称他们早已识破谎言，并且为领袖高超机智的辞令喝彩”[Arendt，1994（1951）：382]。

(c)僭越系统和强化系统并行不悖。曼德尔逊之前的出言不逊，不仅没有使他自绝于媒介系统的规范之外，最终反而促使二者沆瀣一气。媒介系统非但没有受到威胁，相反它需要禁绝对抗来获得复兴——这是它构成性的僭越。这就解释了原本叛逆的音乐家如何“始乱终

① 西尔维奥·贝卢斯科尼（Silvio Berlusconi），意大利政治人物、企业家，数度出任意大利总理，同时也是AC米兰足球俱乐部主席、传媒大亨、歌手。

② 尼古拉·萨科齐（Nicolas Sarkozy），法国政治家，第23任总统，拥有匈牙利、希腊和犹太血统，法国人民运动联盟主席。

弃”，最终僭越了他们最初所做的僭越。他们曾经靠反对某个系统而成名，而如今又重回这个系统。在英国电视节目（UK TV）中，这一点主要以广告的形式体现出来，
101 广告中伊基·波普（Iggy Pop）[1]在售卖“快速投保”汽车险（Swiftcover car insurance）[2]，而城市朋克中的黑色怪物（bête-noire）约瑟夫·里顿（Johnny Rotten）[3]则沦落到售卖乡村生活（Country Life）[4]牌黄油的地步。

在模式二中，政治领域已经式微。制度化的犬儒主义同时在政客及其看客那里大行其道，在这样一个时代，坚定的伦理道德/政治立场这样的观念似乎是异想天开。

模式三：非意识形态的意识形态者与巧克力泻药

与模式一和模式二不同，模式三只是一些设想的背景，根本未被用心考察，因为它们完全被当作理所当然的事情。模式一中的意识形态是明目张胆的：法官显然是种族主义者。模式二至少部分地承认（在随后的开脱出现之前）存在道德或者政治问题。看客们心知肚明，彼得·曼德尔逊用了可能是盎格鲁-撒克逊民族最恶意的脏话骂人——对这一事件的消遣，是因为曼德尔逊否认这一过失时的挤眉弄眼。模式三与前两种模式的不同之处在

---

[1] 伊基·波普（Iggy Pop），美国歌手、音乐家，朋克音乐教父，因20世纪60年代末70年代初建立乐队“丑角乐团”（The Stooges）而出名。

[2] “快速投保”汽车险（Swiftcover car insurance），英国保险公司，创立于2005年，2007年被安盛保险公司（AXA Insurance）收购。

[3] 约瑟夫·里顿（Johnny Rotten），英国的歌手、编曲人、音乐家。20世纪70年代末朋克摇滚乐队“性手枪”（Sex Pistols）的主唱。

[4] 乡村生活（Country Life），美国营养品公司，成立于1971年。

于它实现效果的方式,即使某一政治形势的特殊性自然化,这样一来,因果的辩证关系也就随之完全丧失。要想实现这一点,靠的是用媒介取代对待社会对抗的各种不一致的态度,并将之带入一种虚假的、误导的、简单的问题/解决模式之中。

模式二能同时包容相互矛盾的态度,与这一功能相关的特征是,尽管经过民主的粉饰,但它与"法西斯主义"(fascism)心态的共同点是:"'法西斯主义',无论在其意识形态还是实践层面,不过是某种对社会对抗进行扭曲的形式原则,是某种通过把不一致的态度进行组合和凝聚而实现的移置逻辑。"(*Ticklish Subject*:186)因此,人们往往因将这种意识形态危险远远地弃置到历史的往昔 102
而洋洋得意。大众传媒的友好"法西斯主义"依靠同样的基本流程:它扭曲了模式二中仍会被注意到的社会对抗/矛盾,并将它们带到另一个层面,让它们因过度透明而变得无迹可寻。这就是为什么世界饥荒、全球范围的结构性经济不平等、名人价值观等能够在《现场八方》(Live Aid / Eight)①这样的节目中济济一堂。齐泽克在美国见到"巧克力泻药"(the chocolate laxative)这种产品,他便用这一名称来命名一种现象,而这些由名人主导的事件就是该现象的放大版。尽管在有效性方面受到质疑,但该术语仍然可以描述意识形态操控的过程,正是在这个过程中,问题(巧克力导致便秘)反倒成了卖点(其通便功效)。

---

① 《现场八方》(Live Aid / Eight),是 2005 年 7 月举办的旨在消除非洲大陆贫困的全球义演。

虽然模式一中展示的种族偏见并未受到媒体的操控，但巴德维尔法官那套自欺欺人的种族主义理论，预示了在其他两种模式中，直接的被媒体中介的意识形态操控。在模式三中，意识形态把原本矛盾的内容自然化，使其不再显得矛盾——在“纳粹”德国，一个人可能非常喜爱某个个体的犹太人，却鄙视整个犹太种族，这种情况完全可能（“我了解和喜爱的那个犹太人可跟其他人不一样”）。当社会上尽人皆知的东西本身让一种态度本质上不成问题时，不一致就不再成其为不一致了。因此，今天我们不再纠结于名人赞助的饥荒救济本身所蕴含的深刻矛盾。纳粹德国是一个极端的、恐怖的派生物，然而，派生它的却是广义上的意识形态效力的基本模式。同样，借助媒介景观的再三重复，名人发起的赈济促使原本相互矛盾的两种态度并行不悖的情况变得正常了：

103 • 见到非洲饥荒而触发的公开的深切怜悯感。
• 人们怀有“巧克力泻药”式的心态，是不愿直面这种饥荒的真正原因。媒体引导人们相信，西方消费模式带来的部分收入在非洲重新配置，正在消除由相同的消费心态造成的饥荒。西方购物者支撑起来的全球经济体系，剥夺了发展中国家的农业在国际市场公平竞争的机会，而机会却给了这些西方消费者……他们通过购买更多音乐产业的产品来解决他们的商品消费体系所带来的问题。他们并没有着手分析饥荒背后最重要的政治和经济原因，而是把粮食短缺的老问题转化为与之共存的媒介景观。

希拉里·克林顿(Hillary Clinton)[1]“同村协力”(It takes a Village)[2]的演讲是息事宁人的空谈，与此形成鲜明对比的是齐泽克对 M. 奈特·沙马兰(M. Night Shyamalan)[3]的电影《灵异村庄》(*The Village*)[4]的重新解读。他认为该片是意识形态进程在戏剧层面的写照，在这一进程中，那些最应该为全球持续的经济不公平现象承担责任的人，却被媒体塑造为最具道德意识的人。《灵异村庄》讲述了美国宾夕法尼亚州早期的森林开拓和殖民。由于附近森林里有怪物，村民们生活在恐惧之中。怪物不进入村庄，而村里的人也不冒险进入森林。直到影片的最后，观众才明白村子里的长者原来是从当今之世逃出来的社会难民。他们遭受了各种不幸和罪恶，退到这偏僻一隅，繁衍子嗣，与世隔绝。齐泽克暗示：“从早期黑格尔式的(proto-Hegelian)角度来看，那个社区所对抗的外部威胁，是它自身的内在本质。”(*Violence*：23)他进一步发挥这一思路，将它运用到我们当前的“道德消费”的 104
概念化上来。原以为逃离对社会和生态都有害的资本主

① 希拉里·克林顿(Hillary Clinton)，美国律师和民主党政治人物，生于伊利诺伊州芝加哥。曾任美国国务卿、纽约州联邦参议员、美国第一夫人、阿肯色州第一夫人，其丈夫是美国第 42 任总统比尔·克林顿。

② “同村协力”(It takes a Village)是 1996 年 8 月 27 日希拉里·克林顿以美国第一夫人的身份做的著名演讲。

③ M. 奈特·沙马兰(M. Night Shyamalan)，是一位印度裔的美国电影编剧、导演、制作人以及演员。

④ 《灵异村庄》(*The Village*)，又译为《阴森林》或《神秘树》，是一部 2004 年上映的美国心理惊悚电影，由 M. 奈特·沙马兰编剧、监制及执导。此处译为“村庄”与上文相呼应。

义体系是善举，其实这只是那个一直在运作的资本主义体系的伪装形式：

> 如果社会的真正的邪恶并不在于这样的资本主义动力学，而在于我们游离其外的企图——与此同时，我们还一直在渔利……那问题又会怎样？今天，邪恶的代言人，并不是在一个社会关系分崩离析的暴力世界中污染环境的消费者，而是那些全力以赴为全世界的灾难和污染创造条件，同时用钱洗脱自己罪行的人。(*Violence*：23；undated website)

齐泽克辩证地将视角从黑格尔哲学转向好莱坞电影，然后又折返回来，从而声讨了资本主义媒介中的那些伪善之徒，他们加剧了全球经济体系招致的问题，而主观上又装作他们在解决这些问题。媒体利用乔治·索罗斯(George Soros)[①]和鲍勃·格尔多夫(Bob Geldof)[②]等公众人物来推动自作慈悲的慈善事业，其代价就是牺牲了自取其辱的基本政治经济改革。而这些改革才是众望所归、百年大计，以便解决世界粮食净产量过剩和持续性的区域饥荒并存这样的矛盾。2009 年，如今的鲍勃·格尔

---

① 乔治·索罗斯(George Soros)，本名施瓦茨·捷尔吉，出生于匈牙利的美籍犹太商人，著名的货币投机家，股票投资者，进步主义政治及社会运动家、哲学家、慈善家。

② 鲍勃·格尔多夫(Bob Geldof)，原名罗伯特·弗雷德里克·氙·格尔多夫，爱尔兰歌手，歌曲作家，演员和政治活动家。他组织了 1985 年和 2005 年的《现场八方》慈善演唱会。

多夫爵士(与其他名人一道)出现在一系列电视广告中,推销英国政府赞助的金融投资产品——溢价债券(Premium Bonds)[①]。在齐泽克看来,这并不与格尔多夫那些消除世界饥荒的呼吁相矛盾,这只是同一套意识形态"硬币"的另一面罢了。

"法西斯式"全民医疗保健的媒介信息

上文提到的那位巴德维尔大法官,否认自己种族歧 *105*
视的一句话,恰恰成了他不经意间流露出的种族歧视的证据。这可被解读为心照不宣的眼神[an (un)knowing wink]——种族主义态度就被有效地传递出来,不论你觉得这是有意还是无心的,也不论出言不逊的一方是否真是那个意思。媒体通常作为首席的崇高客体/整体的意识形态过程而起作用,其中,意识形态特色的本质在模式一中最为明显,但在其他两种模式中却被操纵和掩饰。2009—2010 年,关于美国医疗保健改革的媒体辩论达到白热化程度,医疗改革的拥护者被称为纳粹。人们认识到一个竞争性的意识形态崇高客体正在对通常服务于更为保守的政治的意识形态造成威胁,白热化的辩论可以视为对此的一种情绪化的、忧心忡忡的回应。医疗改革的反对者意识到全民医疗这一福利是基于另一套完全不同的政治设想的。作为一种政治上的意识形态崇高体

---

① 溢价债券(Premium Bonds),或译为"政府有奖债券",是债券价格大于票面价值的一种投资产品。

系,“公费医疗制度”(socialized medicine)[①]几十年来在欧洲已成熟完善,并且正试图应对一种根本性的社会矛盾:3,000万未买保险的美国人无法享受医疗服务。公费医疗制度有效地体现了“公共福利”(public good)这一社会主义观念,政治保守派对此的恐惧体现了此前提到的那三种意识形态模式:

无知的意识形态者。这一类别体现在他们揭发时采用的模式中。要搞“慈善事业”,却倡导不要保险,这种本身固有的矛盾性将这一类别表现得清清楚楚。民众享受基本医疗保障的权利崇高化为一个更紧迫的忧患,即公民应始终“免于”应对(free from)公费医疗可能收费的
106 危险。

犬儒的意识形态者和心照不宣的眼神。我们当然明白奥巴马总统的计划和“纳粹”扯不上关系,当然也绝不会真的有“死亡小组”(death panels)[②],但即便如此……这还是一条刺激大众神经的新闻,而且内容还涉及抗议者的横幅和T恤上印的纳粹符号。这些高涨的纳粹指控代表了一种强烈的情绪,起因在于,右翼人士认识到通常

---

① 公费医疗制度(socialized medicine)是美国用来描述和讨论全民医疗保健制度的术语:通过政府对医疗保健的监管和税收补贴,为所有人提供医疗和医院护理。由于历史上与美国文化中的社会主义存在负面联系,在美国政治话语中,这个词通常是贬义的。

② “死亡小组”(death panels)是一个政治术语,起源于2009年关于联邦医疗保健立法的辩论,以涵盖美国没有保险的人。阿拉斯加州前共和党州长萨拉·佩林(Sarah Palin)创造了这一术语,她指责拟议的立法会创建一个由官僚组成的“死亡小组”,他们将决定美国人——例如她年迈的父母或患有唐氏综合征的儿童——是否“值得享受医疗救助”。

为他们效力的意识形态崇高客体的力量（例如市场机制中那只幽灵般的“看不见的手”），同时也认识到全民医疗意味着“离开的人是你”（the one that got away）[①]。对奥巴马的“法西斯”指责是保守立场自身矛盾的反映——为了不被基本医疗权利的暴政所“奴役”（enslaved），“免去”（free from）美国穷人的医疗保健更好。

非意识形态的意识形态者。据称这不是一个意识形态问题，而是一个不偏不倚的“选择”因素。为了对付医疗保健的崇高客体拥有的潜在力量，他们使用了有关选择的崇高辞令：

> ……共和党人对医疗保健计划的批评真正奏效的地方，在于它重申了选择自由的基本要义。我认为这是一个问题，我们必须直面它。但首先我们应该明确，为了践行选择的自由——人们只有不断重复这一过程……为了真正践行它，必须要有极端复杂的社会网络、法律法规，甚至还有不知怎么就被人接受了的道德规范，等等。换言之，在某一层面上人们往往有较少的选择机会，至少是较少的公众选择机会，在另一不同层面上，却意味着更多的选择。 107
> （Žižek，2009a，video interview）

① “离开的人是你”（the one that got away）是美国女歌手凯蒂·佩里（Katy Perry）的一首歌曲的名称，此处套用这句歌词，意思是普遍医疗代表着社会主义观念，是脱离右翼的一种表现。

在这里,齐泽克正面回击了"自由选择"倡议,这种倡议据说是非意识形态的、无争议的,是拿"谁能抵抗对选择的向往"这一误导性的问题当幌子的。齐泽克反对资本主义媒体总是把选择塑造为一维的毋庸置疑的善,他强调,这样概括选择的特征,实际上遮蔽了决定选择之实质的不可或缺的背景:真正有意义的自由选择要成为可能,必须先要有基本的社会基础设施,哪怕是最低标准的基础设施。有趣的是,在美国反对"社会主义医疗制度"的呼声甚嚣尘上之时,接踵而至的金融危机制造出了一个不可能的述谓位置,这是宣扬自由市场的美国媒体难以承认的。他们面临着非常尴尬的境遇,因为资本主义银行系统自由选择的信条最终是由纳税人的资金来担保的,从绝对货币的意义来看,美国似已成为当今世界上最大的社会主义国家之一。

沉默的羔羊[①],不知情的鸡,阿甘的犬儒主义以及功夫熊猫[②]

> 这就是精神分析疗法的真正风险所在:仅仅让病人接受他的症状在无意识层面的真相,这是不够的;必须引导无意识本身去接受这个

① 《沉默的羔羊》(*The Silence of the Lambs*),是1991年上映的美国惊悚片,导演为乔纳森·戴米(Jonathan Demme)。

② 《功夫熊猫》(*Kung Fu Panda*),2008年在美国首映,是一部以功夫为主题的美国动画电影,讲述了一只笨拙的熊猫立志成为武林高手的故事。

> 真相。这就是那个早期拉康式的(proto-Lacanian)汉尼拔·莱克特(Hannibal Lecter)①搞错的地方：其实主体真实的创伤内核，不是羔羊的沉默，而是鸡的不知情。(*Parallax*：351)

疯子和谷子的轶事(见第一章)展现了齐泽克有关信仰和意识形态的作品是如何将个人的心理与更广阔的社会制度相提并论的。就这一点而言，这则轶事还是很重要的。拉康使用"父亲之名"(le nom de père，父亲之名——象征权威的源泉)的法语谐音词"不上当者常犯错"(les non-dupes errent)这一表达，来描述他的重要观点，即那些声称不会被实践中的象征虚构述行效能(performative efficiency of symbolic fictions)所蒙蔽的人，恰恰是深陷错误泥潭的人。就那件轶事而言，疯子不仅仅是疯了，更准确地说他是精神错乱了——在这种状态里，人不再明白隐喻的真实含义。精神错乱的人心智不稳定，因为象征秩序只剩字面意义了，这非常恼人。[2]疯子如果真的担心被鸡吃掉，那就意味着物质现实和象征性秩序之间的必要的距离感在他那里已经丧失。在接受治疗之后，疯子终于从理性层面明白自己不再是一颗谷粒，但他仍担心鸡(大他者)不知道这一事实。相反地，当代犬儒的问题并不是对 *108*

① 汉尼拔·莱克特(Hannibal Lecter)，是由汤玛斯·哈里斯所创作的系列悬疑小说中的虚构的人物。莱克特最先出现在1981年的恐怖小说《红龙》中，接着出现在1988年的《沉默的羔羊》、1999年的《汉尼拔》以及2006年的《沉默的羔羊前传之揭开罪幕》等影片中。他是一名精神病学专家，同时又有食人肉的癖好。

大他者的解读太拘泥于字面，而是大他者完全被否定了。这带来一系列新的问题，由于被否认和压抑的东西往往会在其他地方复现，正如我们已经看到的，否认大他者就催生了电视真人秀节目这类事物补偿性的发展。

在“原始”文化中，信仰自然而然地体现于各种仪式和物件中，例如北美的图腾柱(the totem pole)[1]。齐泽克谈道，现代思想家的错误在于认为这种信仰形式是直接持有的：“前现代社会的信仰不是直接去信，而是由距离而信……启蒙运动的批评家们误读了“原始的”神话——他们先是把一个部落起源于一种鱼或者一种鸟这种观念从字面上理解为对鱼或鸟的直接的信仰，随后就把这种观念丢到一边去了，认为这是愚蠢的、‘拜物的’幼稚之
109 举。由此他们把自己的信仰观念强加给“被他们原始化了的”他者(the ‘primitivized’ Other，*Puppet*：6)。齐泽克的意思是，后现代的信仰形式进一步恶化了这种对启蒙主义的误读。齐泽克分析了媒介化的信仰，这是他对当今媒介体系深刻的意识形态本质进行分析的基础，是一清二楚的非相对主义分析，这也说明把齐泽克称作后现代主义者是多么愚不可及。“原始”社会的信仰确实利用了物件和仪式，但是与物件和仪式**保持着一定的距离**(at a distance)。“有一个尽人皆知的人类学趣闻，有一些“原始人”，人们认定他们怀有一些‘迷信的信仰’，直接问他们这些信仰时，他们回答说：‘有些人信。’旋即就换了自己的信仰，改信别的了。”(Žižek，1998，website)相反

---

① 图腾柱(the totem pole)是巨大的雕刻，是一种西北海岸艺术，柱子上刻有符号或图形。

地，后现代主义者同样宣称他与直接的信仰保持距离，但是，这里就是关键的差别所在，由于他需要对信仰的观念本身持一种犬儒主义的态度，在对信仰的替换性上，他就不如所谓的"原始人"那么有责任心了。尽管后现代主义者不愿意承认，但信仰仍在起作用，因为对后现代的信仰，我们**假装相信**(pretend to pretend to believe)。齐泽克的理论观点为：尽管"原始"文化发展出表现于社会仪式和物件之中的象征主义/意识形态的有效模式，但如果推这些原始人一下，会发现他们还是有能力与那些信仰行为保持健康的、能够提出质疑的距离。

原始人在社会层面的表现是他们似乎有信仰，但是实际上在个体层面，他们却很可能存有异心；与此同时，"先进的"媒体消费者代表着犬儒主义的时代风貌，但是，作为个体，他们却是带着信仰去行动的。因此，图腾柱这类物件并不是简单原始的拜物教出现的证据，而是揭示了一种复杂老练的熟稔，熟知信仰和仪式(象征效能)自生的力量(self-generating)，以及它们如何把个体禁锢在社会之中。与之形成对照的是，后现代主义者通过犬儒主义的超脱所表现出来的对于距离的挚爱，却比初看之 *110*
下要复杂得多：

> 最具怀疑精神的态度，是解构主义的态度，它靠的是一个"真正相信"的他者；解构主义永远需要能讽刺性地拉开距离的装置(如加引号等)，这一后现代需求暴露了一种潜在的恐惧，即如果没有这些装置，信仰就会变成直接的和

> 即时的——假如我要说的是“我爱你”，而不是那种讽刺性的“诗人会说的我爱你”，这就意味着人们会直接想到和相信我爱你——也就是说，这就好似在“我爱你”的直接陈述中，距离并没有在运作。(*Puppet*：6-7)

对于原始人来说，无论他们信仰的是否是符号的字面意义，他们都保持着通过相互间的积极参与及分担责任而把文化凝聚起来的能力。符号的功能在于使个体与直接信仰拉开距离——图腾柱起到的是信仰的作用——但那必要的距离却是日常社会结构的一个有机组成部分。在一个由意识形态的崇高媒体统治的当今之世，信仰的有机凝聚力却更低了。

齐泽克在他的著作中反复使用了两个关键的例子，以此来证实当今信仰的复杂本质。一个是关于物理学家尼尔斯·玻尔(Niels Bohr)①迷信地使用马蹄铁的轶事，另一个是有关法国哲学家布莱士·帕斯卡尔(Blaise Pascal)②的，他指出，参加一次宗教仪式，如天主教会的弥撒，单纯的这种行为带来的信仰，与人有意识地做决定是没有关系的：

① 尼尔斯·玻尔(Niels Bohr)，丹麦物理学家，1922年因他对原子结构以及从原子发射出的辐射的研究而荣获诺贝尔物理学奖。玻尔提出了原子的玻尔模型。

② 布莱士·帕斯卡尔(Blaise Pascal)，法国神学家、哲学家、数学家、物理学家、化学家、音乐家、教育家、气象学家。

尼尔斯·玻尔……就是绝佳的例子……从中可见,当一个拜物者否认他的信仰,这如何在意识形态之中起作用:有人拜访玻尔,看到他家门口有一块马蹄铁,客人很吃惊,说他不相信马 111
蹄铁能带来好运这样的迷信说法。对此,玻尔反诘道:"我也不信啊,但据说把它放在门口,对不迷信的人也有好处。"这一悖论清楚地表明,信仰是一种自反性的态度:它绝不是简单地去相信的问题——人不得不相信信仰本身……玻尔只是将自反性在逻辑上的否定摆在了我们面前(一个人也可以不相信自己的信仰……)。

在某种意义上,匿名戒酒会①与帕斯卡尔不谋而合:"弄假直到成真(Fake it until you make it)……"② 帕斯卡尔的"跪下就会信(Kneel down and you will believe)"必须这样理解,它涉及一种自我指涉的因果关系:"跪下了,你就会相信你是因为相信了才跪下了!"第二个事情是,在意识形态"正常的"犬儒运作中,信仰被转嫁到另一信仰之上,转嫁到一个"应该相信的主体"之上,如此一来,真正的逻辑就是:"跪下,你就会因此而让他人信(MAKE SOMEONE

---

① 匿名戒酒会,或称戒酒无名会是一个国际性互助戒酒组织,在 1935 年 6 月 10 日,由美国人比尔·威尔逊和医生鲍勃·史密斯在美国俄亥俄州阿克伦成立,现在会员超过 200 万。

② "Fake it until you make it."是英语格言,它的意思是通过模仿自信、能力和乐观的心态,一个人可以在现实生活中体会到这些品质。

> ELSE BELIEVE)!”(Žižek, 2005c website; *Parallax*: 353)

在此，齐泽克让人们注意到，本来简简单单的一个基本的信仰行为，其中可能涉及象征效能的自我指涉的本质和述行因素。对它进行常识性的解读，我们可能会发现一个简单的因果关系：对于一个永远无法证实的抽象实体，个体会持有自己的看法，或者怀有情感上的依赖，不论那是上帝还是对幸运马蹄铁的迷信。齐泽克这样解读，目的是想表明信仰的个体和集体相互关联的本质。举行仪式不仅能激发不受个人意图左右的信仰，借助于涂尔干(Durkheim)[①]人类学**集体欢腾**(collective effervescence)概念的当代媒介中介后的形式，这种效果还能传及他人。

112 至此，齐泽克有关信仰的论述与原始人象征文化的经验相吻合——原始人本人也许并不真正相信某个信仰，但由于信仰将部落凝聚起来，他也就拥有了信仰。齐泽克对媒体与意识形态之间关系的分析颇为重要，因为这一分析反映了信仰仪式和物体如何作为机制而运作，借助这些机制，信仰原本的创伤性质就去神圣化了。

> “你是否信奉得太多，太直接了？你是否觉得自己的信仰原始、直接而太过压抑？那么你

---

① 涂尔干(Durkheim)，又译为迪尔凯姆、杜尔凯姆等，是法国犹太裔社会学家、人类学家，与卡尔·马克思及马克斯·韦伯并列为社会学的三大奠基人，《社会学年鉴》创刊人，法国首位社会学教授。

> 最好跪下来,就像你有信仰一样去做,这样你就会摆脱你的信仰——你将不必再相信自己,你的信仰将会在你的祈祷中客观存在!”也就是说,万一有人行了跪礼,进行祷告,但祷告还不足以重拾自己的信仰……反而是丢弃了信仰,放弃了那种过度的接近感,来与它拉开哪怕最小距离,起码能让人喘息,那会怎样?相信——“直接地”相信,没有仪式的外化处理——是一种沉重的、压抑的、创伤性的负担,而通过举行仪式,就有机会把它转嫁给一个他者……(Žižek,2005c website)

这里有一个关键词是“最小距离”。对于信仰,后现代怀有的态度有其决定性的特征,那就是通过犬儒主义来制造这种距离(如“上帝之死”、各种元叙事——而不是“原始”文化所践行的与信仰和解),但要把信仰带来的创伤充分外化,这种做法被证明是无效的,结果就是被压抑的潜意识欲望最终卷土重来。然而,与原始人在公共信仰和个人犬儒主义之间的妥协机制不同,我们信仰的方式我们却不知——**不是因为暗地里我们的信仰受到操控,而恰恰是因为这些操控就发生在众目睽睽之下,自然而然,所以非常容易误导他人。**

尽管这听起来似乎违反常理,但在文学中,事物恰恰 *113*
因为可见才不被发现,这种做法俯拾皆是。例如,G. K.

切斯特顿(G. K. Chesterton)①的《断剑》(The Sign of the Broken Sword)中,[3]一个将军为了掩盖自己杀害同僚的罪行,故意策划了一场代价惨重的战争,因为“如果非要隐藏一具死尸,那就需要一堆尸体”[Chesterton,2004(1911)]。同样,在埃德加·爱伦·坡(Edgar Allan Poe)②的《失窃的信》(*The Purloined Letter*)③中,一封大家苦苦找寻的信(这封极其重要的信,一旦落入坏人之手,便会带来国际争端,引发战争)被外交官偷了,并且被藏在他寓所的布告栏上,就摆在人们的眼皮底下(参见Muller and Richardson,1988)。沿着这个思路,齐泽克提出,《阿甘正传》极其典型地浓缩了对当代意识形态欺骗性的公开透明地进行的文化展示,这种做法与阿根廷经济部部长戴着自己的面具从抗议人群中逃脱有些类似,因为“事物最好的面具就是它自己”(*Parallax*:28)。在当代媒介景观中,意识形态运作过程体现在各种温和无害的文化形式之中,然而它们的影响却比阿尔都塞(Althusser)提出的公然的意识形态国家机器(Ideological

① G. K. 切斯特顿(G. K. Chesterton,1874—1936)英国作家、文学评论者以及神学家。

② 埃德加·爱伦·坡(Edgar Allan Poe),美国作家、诗人、编辑与文学评论家,被尊崇为美国浪漫主义运动要角之一,以悬疑及惊悚小说最负盛名。

③ 《失窃的信》(*The Purloined Letter*)是美国作家埃德加·爱伦·坡撰写的短篇小说,1844年出版,首版为爱伦·坡带来12美元的收入。故事讲的是王后收到一封密信,未及细读,因国王出现来不及藏起,就干脆放在桌上,果然未引起国王注意。后来信被一个大臣拿走,他如法炮制,把信放在家中最显眼的地方,却未被前来搜查的警长发现。

State Apparatuses)[①]更微妙,比如:

> 《阿甘正传》中,意识形态要的把戏在于,它把最纯粹的意识形态表现为非意识形态,表现为意识形态之外的对社会生活的善意参与……《阿甘正传》以如此赤裸裸的方式揭示着意识形态的秘密(主体的愚蠢使其奏效),以至于在不同的历史情景下,它毫无疑问会产生颠覆性的影响;然而,今天,在这犬儒主义盛行的时代,意识形态确实有底气展示自己运作的秘密(其构
> 造上的愚不可及,这是传统的、前犬儒时代的意 114
> 识形态必须要保密的),同时其效能却丝毫不受影响。(*Indivisible Remainder*: 200; 1997b website)

与《阿甘正传》相仿,梦工厂(Dreamworks)[②]的动画电影《功夫熊猫》(John Stevenson, Mark Osborne, 2008)展示了"信仰在当今犬儒主义社会中发挥作用的方式——这部电影就是那令人尴尬的最纯粹的意识形态本身"(Žižek, 2009b website)。

齐泽克提出这一观点,原因在于这部电影改写了拉

---

① 意意识形态国家机器(Ideological State Apparatuses)是法国马克思主义哲学家路易·阿尔都塞(Louis Althusser)在其文章《意识形态与意识形态国家机器》中首先创用的一个概念。

② 梦工厂(Dreamworks)动画公司是一家总部位于美国加利福尼亚州格伦代尔的动画工作室。

康的关键概念。正如大他者是非物质存在，同样地，我们欲望的客体肇因(the object cause of our desires)，即**小客体**(objet a)，也不是任何直接的物质意义上的存在。我们通过象征进入实在界(Real)时，需要建构一些必要的幻想来处理这一过程，而非实体的小客体在此起到意义深远的作用，拉康为此建构了一个复杂的理论。相反地，《功夫熊猫》的意识形态信息则在于，它把古代中国智慧和犬儒主义的日常讽刺结合起来，以逐步削弱小客体的象征效能。影片的主人公是功夫熊猫，他的爸爸教他煲汤，他的师父教他打斗的要领，各自的“秘方”都一样，都是建立在一个信念之上的，那就是它们本来就是特别的，而非靠着任何真正的实体内容来确保它们的特别性。按照齐泽克的说法：

> 将它们联系起来的，是对小客体、对狂热依恋的崇高客体的共同抵制——在《功夫熊猫》的世界中，只有日常生活的寻常物品、普通需求和其下的空白，其余全是幻象……那么，这部电影的意识形态在哪里？让我们回到那个重要的准则上来：“没有什么特别的配料，秘诀就是你自己。要想让什么东西不同寻常，你得先相信它
> 115 就是不同寻常的。”这个准则使得拜物者在最纯粹的拜物中，去否认(分裂)它——它要表达的意思是：“我很清楚没有什么特别的配料，尽管如此，我仍然相信它(并依此行动)……”犬儒主义的声讨(在理性的知识层面上)被追求“非理

> 性的"信仰之呼声所抵消——这就是当今意识形态如何运转的最基本的准则。(Žižek,2009b website)

尽管后现代性标志着对现代性**迷恋真实界**(passion du réel)的终结,但它所否定的信仰在真人秀电视节目和关于实在的**意识形态**(ideology of the réel)中又复现了——正如我们已经看到的,像《阿甘正传》那样具有崇高意识形态的好莱坞电影,打着非意识形态电影的幌子却实现了意识形态的效果。人们会说这不过是讽刺性地去消费罢了,但齐泽克的分析删去了这样的虚假托词。相反地,在这样一个时代,当象征虚构的重要性被越来越复杂的经技术处理过的虚构、通用网关接口(CGI,Common Gateway Interface)[①]等所替代时,对于媒体在使我们的社会幻想**屏幕化**(sereening)过程中所起的作用,齐泽克帮助我们更加直接地对它负起责任来。

结论:少数派和谐关系与百万美元非问题

> "讨厌的"邻居唐突地套近乎,与其保持距离的最常见办法就是礼貌——但什么是礼貌?……深夜,一个男孩和一个女孩在她家门前道别,男孩支吾着说:"要不我进去喝杯咖啡?"女孩答道:"抱歉,今晚算了,我正在生理期……"礼貌的说法应该是:"好消息!我生理期结束

① 通用网关接口(CGI,Common Gateway Interface)是一个在Web服务器中使用的技术。

了——来我家吧!"而男孩则回答:"抱歉,这会儿我没那喝咖啡的心情……"(*Lost Causes*:17)

116 齐泽克提到的这一咖啡主题逸事让人想起《宋飞正传》中一个类似的场景。[5]乔治·康斯坦萨在社交场上很愚拙,送女伴回家时,他别扭地坐在车上,女伴邀请他去自己的公寓喝杯咖啡,他婉拒了,说不爱喝咖啡——事后才明白对象的真正心思,他悔断肠了。前文中引用了陆军元帅冯·克鲁格的例子,众人过于拘泥礼节,让他错失刺杀希特勒的机会(见第一章)。表面上看,礼貌不过是一种无聊的社交润滑剂,但实际上,礼貌却是筛查各种社交经历潜在的创伤性质的有力装置。礼貌和优雅用一般的、社会决定的观念和行为标准为个体间的交往编码。在这样的语境中,媒介扮演着享有特权的角色。作为中介的传媒、科技屏幕把我们的社会经历屏幕化,对这一事实的同义反复描述,遮掩了这些赘述在意识形态上的重要性。问题不在于这样的显像在某种程度上可避免,或不合情理,而在于当代的意识形态成全了我们的怠惰,我们疏于对媒介的功能负起全责。无所不在的媒介发挥着的是各种形式上的或隐喻上的屏幕化或中介的功能。

本章分析了各种不同的意识形态模式,以一种更有媒体悟性的方式,展现了大众传媒民主的后政治学(尽管它更擅长利用媒介),是如何与巴德维尔法官(Justice Bardwell)的慈善种族主义产生令人震惊也令人担忧的共鸣。巴德维尔法官否决了不同种族的一桩婚事。但他却打着反种族主义的旗号,因为他把社会事务的管理压缩在现存的自由民主话语框架内。当然，并不是巴德维尔法官本人想要阻挠这桩婚事，而是他的自由思想呼唤他去保护未来的孩子不要再与种族主义有任何牵连［这个情节我们可以拍部名为《少数派和谐》(*Minority Rap-* 117
port)[①]的电影］。这就是那种假惺惺的情感，既滋生了种族主义，还能小心翼翼地在讲民主、人权和准则的坐标系中维持一席之地。对齐泽克而言，真正的政治是"对决定事物如何运作的体系做出变革的东西"(*Ticklish Subject*：199)。故而，巴德维尔法官真正的政治行动，不是背信弃义地为自己辩护，而是正大光明地公开自己的种族主义——然后才能与相应的真正的政治行动对抗。然而，巴德维尔法官却代表了一个极端案例，代表了控制着当代媒介的无所不在的后政治技术猥琐的阴暗面。无论是慈善种族主义者，或是激进的中庸政客，还是名人赞助制造机(celebrity-aid-generator)，不管我们采用的是哪一个矛盾修辞法，在好心办坏事和最好的动机拥护下，决定事物真正运转的框架要么纹丝未动，要么变本加厉。

在全球范围特许拍摄的电视节目《神秘百万富翁》(*The Secret Millionaire*)[②]就展现了这种意识形态的屏幕化过程(screening process)。在每一集中，百万富翁通常都会被"秘密地"安置在某个城市内部破败的棚户区

① 《少数派和谐》(*Minority Rapport*)这个标题化自2002年上映的美国科幻电影《少数派报告》(*Minority Report*)。

② 《神秘百万富翁》(*The Secret Millionaire*)是2006年起源于英国的电视真人秀节目，节目中神秘百万富翁亲赴贫困地区，融入当地人生活，并选择捐助对象，最后一天，百万富翁向捐助对象公开自己身份并捐助大量钱财。

里。对于棚户区里出现的电视摄像机,会有一个合适的托词来解释。百万富翁会在这里过一段日子,并物色出这个地方值得被捐助的人或团体。设计的故事无一例外讲述的都是百万富翁自我发现的历程。这些来自各行各业的企业家通过无私奉献,消除了先前对穷人的偏见。这个节目中的意识形态因素被运作得连贯流畅。除了每集的名称与主人公同名,在节目中展示的企业精神也是不以营利为目的的。我们看到的是身处逆境的人所倡导的各种不同形式的社会企业文化,但很明显企业文化本
118 身仍是被推崇的价值观。也许最重要的内容是节目中的“拍钱”(money shot)部分(不管从字面意义还是隐喻意义上看)。节目中,大富豪们给他们结交的个人或集体开出支票。配着出手阔绰的慈善施舍,画面很煽情。但是结构上的原因看不出来,也几乎没有被提及。正是这些原因营造了这个情境,独占资源的人接触了贫困,施主得到得主的祝福,更新了对好运的看法,从而给予整个社会时至今日显然都没有给予的东西。

《神秘百万富翁》的真正奥秘并非穷人不知道穷人堆里的富人是谁,也并不是节目编排体现出的黯淡的去神圣化的意识形态真谛:说到底,富豪跟你我一个样。相反,它取得成功的秘密在于一个现象背后的原因,那就是不管是剧中人还是看客,都没有问及两个相对简单的问题:是什么使得富人追求更富?到底是何种社会任由这样的贫富悬殊存在?原始部落拜物教驱动的社会做法与个人信念之间有自觉的裂隙。这一裂隙登上了意识形态舞台,进一步渗透进被当代纪实节目观众自然化了的犬

儒主义之中。神秘富豪遇到的"当地人"彬彬有礼,这是我们推崇的;活生生的慈善被建构为一道景观,对于这种被节目编排好的价值观,我们也相应地为之落泪。然而,礼貌和节目形式,首先是对政治创伤的屏幕化,而这种政治创伤提供了与这一景观相契合的潦倒衰败的都市背景。原始人对于象征秩序中文化总体上的功效怀有绝对理性的信仰——不论这一秩序在内容上的各个方面是否 119
是绝对理性的,这种功效永远存在。原始人也欣然接受这一点:为了平稳运转,任何社会的象征秩序都要求否认拜物教。相反地,《神秘百万富翁》的观众的信念却是真正不理性的。透过比任何图腾柱都要不理性的拜物教的屏幕,他们不明智地放弃了他们所观看的故事的真谛:交流的象征暴力经媒介中介后的体系性本质。我们现在就来解读这一点。

注释:

[1]参见戈德曼及帕普森(Goldman and Papson,1998)。

[2]精神病人的症状显现时,通常总是伴随着语言混乱,这是由于精神病人缺少足够的锚点:精神病经验的特点是,能指不断地在所指之下滑行,这是表意的灾难。后来,拉康假定能指有"一系列持续的再成形过程,由此想象的灾难继续下去,直到达到能指和所指在幻想的隐喻中静止下来的那个水平"。因此,"精神病的核心必须与主体和能指间的融洽关系相关联,能指在此是纯形式维度上的能指,是纯粹能指维度上的能指。如果说神经症寓居于语言中,那么精神病就是被语言所寓居、所占有"。(Lacan,2009)

[3]弗雷德(Fried)的"Where's the Point? Slavij Žižek and the Broken Sword"一文中有详细讨论。

[4]齐泽克在此的论证方式让人想起海德格尔对于亚里士多德四因说(Aristotelian four causes)与现代性排除一切、只强调以技术为中心的**动力因**(causa efficiens)二者之间的互哺关系进行的区分——参见海德格尔的论文《关于技术的问题》(The Question Concerning Technology,Heidegger,1954)。

[5]这也让人想起英国速溶咖啡 Mellow Birds 的系列广告。可访问:*http://www.youtube.com/watch?v=uqAu5w5fhvI*。

第五章 媒介的暴力

引子:对暴力进行中介 120

> 更多的交流首先意味着更多的冲突。(Peter Sloterdijk)[1]

媒介话语的标准范围被齐泽克问题化了。在《暴力》(*Violence*,2008)一书中他是明着这么做的,而在齐泽克的其他**著述**(oeuvre)中,全都暗暗地贯彻了这一点。他探讨了当代社会两种主要暴力形式所涉及的意识形态过程:主观暴力和客观暴力(subjective and objective violence)。

主观暴力(Subjective Violence)

这是我们按照常识理解的暴力概念,齐泽克把它定义为"一个清晰可辨的行动者之所为"(*Violence*:1)。换言之,主观暴力指的不是对暴力的构成要件所做的过度个人化的阐释,而是 121
很容易归咎到某个个体身上的暴力。就媒介而言,主观暴力可见于电视新闻节目及方兴未艾的"嵌入式"新闻报道中那些戏剧形式的暴力。无论是在伊拉克战争这样的事件中,还是在无以计数的电视真人秀节目中，这类节目在主题上热衷于暴力场景，如各种各样“警车开道”的警匪类节目。

客观暴力(Objective Violence)

齐泽克把客观暴力细分为两部分。

象征暴力(Symbolic violence)——“关于语言本身”(*Violence*:1)的暴力的基本形式。其最基本的哲学观点是所有的语言交流都有暴力因素。其最关键的政治问题在于它制造的暴力的**类型**(type)。由此，波德里亚在人类学象征交换中的那些对抗和威胁中，找到了交往暴力应有的形式。在传统的送礼仪式中包含着的细微玄妙之处，造就了一种文化，它处处含混不清，充满诱惑魅力——这与商品交换中传递的那种预定的、预设的文化价值观形成对比。在某种程度上，和这种为科技化媒体所中介的商品秩序相比，送礼更显“原始”，而且似乎更具象征暴力，因为商品秩序对收受双方的要求都更少，但在另一个层面上，商品秩序却包含以下这种暴力形式。

系统暴力(Systemic violence)——“我们的经济及政治体系顺畅运作，往往带来灾难性的后果”(*Violence*:
122 1)。这一概念指的是还未被充分认识的力量和压迫，它们形成一个基础层面，这一基础层面往往是分散的，但又很有效有力地约束着社会行为。这样，传统的暴力概念被拓展，包含了事实上的经济胁迫。举个例子，拿着最低工资的清洁工可能并不是天天被赶出家门去刷厕所的，基本的经济压力本身对此就是一种有效力量。

齐泽克提到的客观暴力浓缩了他政治的和方法论的

整体思维进路——他竭尽全力要唤起人们对一些文化因素的关注，这些因素对人们有着深远的影响，但人们在意识形态上业已麻木的双眼却在很大程度上对此视而不见：

> 客观暴力是无形的，因为我们借以把某物感知为主观暴力的那个零度标准（zero-level），正是以客观暴力为基础的。因此，系统暴力就像物理学中出了名的“暗物质”（dark matter），是完全可见的主观暴力的对应物。我们的肉眼或许难以看见客观暴力，然而，如果我们要理解主观暴力，就必须考察这种客观暴力，否则，主观暴力对我们而言就只是“非理性”的爆发。（*Violence*：2）

在一个景观社会中，客观暴力不可见，这对媒介是不利的。典型的表现是，电视新闻节目在为播出的新闻搭配历史背景时，敷衍了事，主要使用一些反复出现的、有转喻效果的画面。在我们被媒体的中介所操控的心理视野中，复杂的文化史与那些把问题简单化的熟悉画面难解难分：被炸弹夷为平地的贝鲁特市中心，饿得面黄肌瘦的非洲婴儿，握着乌兹冲锋枪的以色列士兵，以及戴着阿拉伯头巾（keffiyeh-wearing）扔石块的巴勒斯坦人。由此，媒介发挥了其作为一种崇高的象征性阉割体系的作用，传播了一种基本的中介的暴力，其中那些明确的景观取代了对产生这些景观背后的首要原因——过去与现 123

在——的永恒思考。正如法国大革命前的旧制度(the pre-revolutionary Ancien Régime)下与日常生活相伴而生的普通暴力(mundane violence)[这是后来人们主观上经历的**恐怖统治**(the Terror)时期[①]背后的客观政治原因],被系统地排除在仔细的考量之外。同样地,由国家出资制造的全球范围的恐怖行动,就如同我们生活的背景一般,也没有得到认真的思考。而这些国家发动的恐怖统治,就是其通过其他手段——**恐怖战争**(the War on Terror),而保持“正常”的国际政治秩序所必需的。

动作中的猥亵性/猥亵动作

媒介象征暴力的一个重要方面,是在对政治暴力所起的历史作用进行描述时,它是系统性地扭曲的、片面的。媒介把政治事务建立在景观之上,这意味着暴力与政治演进之间的关系会被轻描淡写,政治暴力是一种尤其有毁灭性的力量,但对此的历史记录和/或描述都会被消除掉。1989 年,法国人举行了纪念法国大革命两百周年的庆祝活动,但这只是一场用焰火收尾的电视景观。对于法国大革命这样的标志性事件,如果说人们对其中的暴力有思考,也往往不过是对恐怖统治的骇人听闻的描述,对于历史必然性及解放性的功绩几乎没有任何严肃的思考,就算有,也微乎其微。BBC 拍摄的纪录片《恐

---

① 恐怖统治(*the Terror*)时期,指法国资产阶级革命的一个时期,从 1793 年至 1794 年在罗伯斯庇尔控制下执政的雅各宾派,残杀他们认为对政权构成威胁的任何人。

怖！罗伯斯庇尔和法国大革命》(*Terror! Robespierre and the French Revolution*)就是例证。[2]作为一部“历史文献片”,该片融合了历史学家、小说家和文化评论家(包括齐泽克在内)的观点,将革命政府执政之初发生过的重要事件进行了戏剧性的重演。片中,参演者直面摄像机镜头,并朗读罗伯斯庇尔演讲的节选片段,以此来实现额外的戏剧性效果。齐泽克在片中起了**内奸**(agent provocateur)的作用,他不赞成该片始终把恐怖统治时期描述 124
为一个彻头彻尾的糟糕的历史阶段。为了达到最大的冲击值,该片有选择地剪辑,不断地把齐泽克与英国历史学家西蒙·沙马(Simon Schama)放到一起,沙马毫无保留地谴责了这一时期失控的革命,并且由衷地鄙视那些对此持不同看法的人。

对于恐怖统治直接致死的确切人数,历史学家的估计各不相同。在《恐怖！罗伯斯庇尔和法国大革命》一片结尾处,原本黑色的屏幕上充斥着一份书面声明,上面写着:1789 至 1793 年有 5.5 万人死亡。而在该片以令人窒息的基调叙述完这段历史后,这份声明就像一个反高潮处理,在这种对历史上的死亡人数的粗略计算中平淡地为它画上了句号。这部电视纪录片的描述方式代表了典型的象征暴力,它有体系地替换了人们所遭受的客观暴力带来的恐怖统治,媒体正是通过过度关注恐怖统治的主观暴力才实现了这种效果。在《活在末世》(*Living in the End Times*,2010)一书中,齐泽克援引了马克·吐温(Mark Twain)的《在亚瑟王朝廷里的康涅狄格州美国人》(*A Connecticut Yankee in King Arthur's Court*)中的一段描述，用以强调沙马等人没有认识到的问题：

> 如果我们愿意回忆和回想，会发现有两种“恐怖的统治”(Reigns of Terror)。一种充满如火的激情，一种却冷酷无情……我们只为可以说是微小短暂的恐怖统治中的“恐怖”(horrors)而战栗，但是，相比饥饿、寒冷、侮辱、残酷、心脏病患等会困扰人一生的死亡因素，大斧一挥，人头落地，这样痛快的死亡包含的恐怖又算得了什么？一座城的墓地可能埋葬着那个被转瞬即逝的恐怖统治所填满的棺材，但全法国之地却都埋不下那更为冷酷的真正的恐怖统治，那苦不堪言、糟糕至极的恐怖统治所填满的棺材。对于前一种恐怖统治，我们已被不遗余力地教导，要为之而战栗、哀悼，而对于后一种恐怖统治，我们当中却没有一个人受过教导，要在它的普遍性和可悲可叹之中去看待它，而它应该这样被看待。(Twain，引自 *Living*：387)

125 法国大革命前的**旧君主专制制度**(Ancien Régime)在历史和经济层面上的那种无休无止的日常暴力被略过了，人们更喜欢穿上古装，重新上演恐怖统治时期那惊心动魄的重要历史时刻，这更有利于景观展示。这种意识形态的短视也出现在当代。因而，在暴力频仍的刚果民主共和国，正是西方国家的殖民掠夺制造了暴力的客观条件，而媒介却没能让我们了解，近年来死亡人数已**逾百**

万(nearest million)："如今的刚果，已完全是又一个康拉德①式的(Conradean)'黑暗的心'(heart of darkness)，没人敢直面它。"(*Violence*：2)一个原本以清晰透明、展示真相为基础的景观社会，对于暴力却秉持井蛙之见。试想一下那个小品节目，英国电视台第四频道播出的《迅速出击——反对街头武器之战》(*Dispatches—The War Against Street Weapons*)[3]，该节目由英国前首相托尼·布莱尔(Tony Blair)的妻子切丽·布莱尔(Cherie Blair)主持。当节目组在英国街头成功地搜查到刀具时，节目中体现出的那种狂热的道德感四处泛滥；而主持人的丈夫，这位前首相，在被媒体问及在伊拉克搜查大规模杀伤性武器未果这一事件时，却全然一副冷漠镇定的模样。这二者对比如此强烈，但节目居然丝毫没有表现出讽刺之意。

因而，对于齐泽克辛辣的分析中不断出现的淫秽笑话，我们需要结合这些笑话在警醒西方媒介消费者这方面所起的作用去理解，这些消费者对于以他们之名所犯下的客观暴力已麻木不仁，失去批判意识。齐泽克的为人所诟病的低俗格调，被用来服务于揭露政治上的肮脏下流，即为了自由民主制度能顺畅运作而拒不承认施加在别人头上的暴力与伤害，但这一点是像西蒙·沙马这

① 康拉德(Conrad，1857—1924)，波兰裔英国作家，代表作品有《黑暗的心》(*Heart of Darkness*)、《吉姆老爷》(*Lord Jim*)等。《黑暗的心》记录了海船船长马洛讲述的有关刚果河的故事，内容涉及马洛在非洲的经历，以及白人殖民者库尔兹的故事，他曾立志将"文明"带入非洲，后来堕落为贪婪的殖民者。"黑暗的心"一词既指黑色的欧洲腹地，也指殖民者黑暗的内心。

样的资深评论家没有能力看到的。对于这一点，把《恐怖！罗伯斯庇尔和法国大革命》一片中高度戏剧化的情
126 绪，与针对1990年至2003年美国/联合国对伊拉克实施“非暴力”制裁要付出的代价所展开的冷静讨论作一对比，是有启发意义的。这些制裁造成了成千上万伊拉克人的死亡，其中大部分是儿童。这样的指控，至少是当时的一位西方政府要人无法否认的：

> 电视台记者——莱斯利·斯塔尔(Lesley Stahl)：我们听说有50万名儿童死亡。我的意思是，这比死于广岛原子弹的孩子还多。那么，这样的代价值得吗？
>
> 美国国务卿马德琳·奥尔布赖特(Madeleine Albright)：我认为这是一个非常艰难的选择，但这个代价——我们认为是值得的。
>
> 美国时事节目《60分钟》[4]
>
> 1996年5月12日

具有讽刺意味的是，在电视真人秀的时代，媒体却热衷于改头换面，以免去面对成千上万的死亡人数这样令人不快的现实，因为它们并不符合真人秀节目的程式。比较一下，伊拉克民众在盟军入侵期间和入侵之后遭受着骇人听闻的暴力，成千上万的人死于非命，却迟迟没有准确的数字统计。英国媒体虽然面临这样的情况，但连续数周内，主导其对入侵后果的新闻报道的，却是大卫·凯利博士(Dr. David Kelly)的死亡，及其引发的英国广播

公司记者安德鲁·吉利根（Andrew Gilligan）的辞职。不可否认，凯利博士的死亡是悲惨的，但毕竟这只是个体的死亡而已。[5]

媒体的标准操作程序

> 照片不会告诉我们谁可能是真正的罪犯……
> 照片也可以作为一种掩饰，来误导我们……照片可 127
> 以暴露，也可以包庇，既可以用来揭露事实，也可以
> 掩盖真相。（Errol Morris）[6]

媒体话语的标准操作程序（SOP，Standard Operation Procedure）是要审慎地培养观众的震惊感——媒体把来自全世界动乱地区那些名义上的创伤性画面，以观看的模式展示给我们，而观看模式相对而言是超然于图片之外的，它总是改善画面，降低画面让人不安的可能性。画面内容不仅确确实实地由拍摄画面的摄像机来作中介，而且被展示画面的整个媒体程式所加工：新闻主持人有长者风范，《世界新闻》栏目涵括互不相关的各类新闻，等等。一旦这些令人安心的常规背景设置被创伤性内容成功打破，就会偏离媒体的标准操作程序。例如，许多评论人士（包括齐泽克）在《荒漠》（*Desert*）中已经指出，“9·11”事件的画面的一个创伤性因素就是，类似的画面早已在好莱坞电影中、在世界上其他的灾难地区预演过了。“9·11”事件的画面之所以产生如此神秘而令人恐怖的共鸣，是由于这些画面为人熟悉，却彻底地不同以往；这

些画面闯入我们的意识中，我们觉得见过它们，但却是通常情况下我们在美国安全地望向大洋彼岸时，或者在电影院屏幕上看到的画面。观众想以行动质疑这种场景，但展示给他们的是自发而非理性的防御性和矛盾性——看看这一点，至少我们就可以明白媒体标准操作程序所做的非反思的情感投注的程度之深。因此，战争中中东受害者的图像不断地出现在西方电视上，但当半岛电视台（al-Jazeera）对盟军死亡进行相应的报道时，却引起西方国家愤怒的谴责。[7]

在这种语境下，尽管阿布·格莱布监狱（Abu Ghraib）的照片所呈现的对囚犯惨绝人寰的对待方式在名义上是创伤性的，但这些照片真正的神秘和令人恐怖之处在于，
128 正是声称这些照片令人震惊的社会，及同一媒体的标准操作程序反而受到这些照片的感染，与它们产生了共鸣。媒体直接把照片公之于众，但对于照片与西方文化固有的标准操作程序之间深刻的共性却不做充分的批判分析，这实际上就是对照片中军方这种变态展演的重演，表现出的是一种“居心叵测的震惊”：

> 最近在阿布·格莱布监狱发生的事情与萨达姆统治期间士兵们折磨囚犯的“标准”手段形成了惊人的对照。美军士兵没有惨无人道地对囚犯直接施以酷刑，而是专事心理羞辱。萨达姆恪守机密，但美国士兵却把羞辱别人的行径都记录下来，甚至拍下了囚犯赤裸扭曲的身体后面士兵们那一张张傻笑着的脸。当我第一次

> 看到那张臭名远扬的照片，上面有个犯人戴着黑色面罩，四肢连着电线，夸张而又滑稽地站在一个箱子上，我的第一反应是这肯定是行为艺术。犯人们的位置和着装不禁让人想到一部舞台剧或一幅生动的画面，比如说罗伯特·梅普索普（Robert Mapplethorpe）的摄影作品《残酷剧场》（*Theatre of cruelty*）或者大卫·林奇（David Lynch）拍摄的电影中的场景。这就把我们带到了问题的症结所在。对于熟悉美国生活方式的人而言，任何能展现美国流行文化的淫秽阴暗面的事件，都事先在照片中出现过。每当军队或高中校园的成年礼出了岔子，比如士兵在做特技表演时有人死亡或受伤，或者学生中有人摆出欺负人的姿势或遭受了性侮辱，从而引发了死亡或受伤，你都能在美国媒体上发现类似的照片。（Žižek，2004c website）

阿布·格莱布监狱含有色情意味的虐待照片强烈暗示着，如果我们“斜目而视”（looked at awry），就会发现这种西方最糟糕文化的泛滥，只不过是“笑星阿里”（Comical Ali）[①][伊拉克新闻部长穆罕默德·赛义德·阿尔沙哈夫（Minister Muhammad Saeed al-Sahaf）]在摄像 *129*

① 笑星阿里（Comical Ali）是英国对前伊拉克新闻部长穆罕默德·萨易德·阿尔沙哈夫（Mohammed Saeed al-Sahhaf）的戏称，意大利对他有同样的叫法（Alì il Comico），美国则称他巴格达·鲍勃（Baghadad Bob），在海湾战争期间，他浮夸地宣扬伊拉克战绩及萨达姆统治。

机前那些滑稽表演所呈现的变态意识形态过程的黑暗背面而已。就阿布·格莱布监狱的虐囚事件而言，他说过的话确实有先见之明："他们什么都没能控制住——他们甚至连他们自己都控制不了！"（ibid.）被多元决定（o-verdetermined）的媒体对"拯救大兵林奇"（Saving Private Lynch）事件进行报道和展演时，这一意识形态过程也体现得很明显。在此，美国媒体病态地依赖景观展示，这意味着这类尴尬蹩脚的话题（比如这一事实：为了戏剧化地拍摄"营救"，在拍摄前，美军确实阻挠伊拉克医务人员，不让他们安全地把大兵林奇释放）在迎合充满斯皮尔伯格意味的媒介操作标准之时，就已经迷失了自己。再次重申，"正是对于允许我们看到的那些色情的迷恋本身使得我们无法了解我们看到的究竟是什么"（*Tragedy*：8）。

一些最近发生的案例也能说明媒体标准操作程序的"震惊战术"（shock-tactics）所起到的意识形态作用。例如，如今常常有一船又一船的非洲经济移民被运到一些景点港口，这些人走投无路，口干舌燥，但在此度假的欧洲人见状却表现出异乎寻常的冷漠[8]，这就是新闻通讯社对此的报道。尤其令人"震惊"的是关于几位意大利人的图片，他们在做日光浴，附近就有两个吉卜赛小孩的尸体，但这并不足以让他们觉得不适到要换个地方晒太阳的地步。凡此种种，使看客们有了机会对他人的不震惊感到震惊。齐泽克对于媒体标准操作程序的理论分析，在这一思辨旋钮之上又加了一个旋钮。他也鼓励我们去震惊，但不是对于他人的不震惊而震惊，而是为我们自己

在谴责他人的冷漠时所没有看出的东西而震惊。换言 130
之，由于媒体对事件采用了一定的描述方式，所以我们其实并没有看清楚我们在看的是什么。我们只顾着去看日光浴者的麻木不仁，却忽视了我们作为旁观者，从根本上说与他们是串通一气的。我们生活在这样一个经济体系中，就在我们批判这一体系中的欧洲游客不道德的同时，这一体系却又在一个更为体系化的层面上，在它日复一日客观的、麻木的、暴力的运作中给出新的例子。正是由于这种逻辑，2007 年 9 月，意大利司法部门指控七位突尼斯渔民协助并教唆非法移民，依据是某种可命名为“好心办坏事法”(bad Samaritan law)的法令。渔民跑去营救一艘船上溺水移民，其中还有儿童和孕妇，错就错在这一“罪行”上。这一事件是德波名言的又一个令人不寒而栗的例证，“在颠三倒四的世界中，真实只是错误的一个瞬间”[Debord，1977(1967)：N9]，鉴于

> 审判的真正目的，疑似是劝阻渔民履行他们的职责。如果是这样，很可能可以劝阻成功。事实上，渔民们已经被拘留了一个多月，这向他们这样的人发出了一个明确的信息。
>
> 联合国难民事务高级委员会(UN High Commission for Refugees)的劳拉·博尔德里尼(Laura Boldrini)把这些突尼斯人的行为与其他向她打报告的匿名渔民的行为进行了对比。这些渔民最近用棍棒殴打试图上船的移民，逼着他们溺水，其中几名溺水身亡。相关部门却

> 没有对那些渔民采取任何制裁行动。(Popham，2007)

在这次事件中，马耳他和意大利海军显然是奉命没有去援救溺水移民，因此，他们是客观暴力的实施者。突尼斯船长采用了与此完全不同的人道主义辞令，但不过
131 是更加有力地加强了这一做法："我很高兴自己这么做……如果我没有这样做，他们早就死了。"(ibid.)

齐泽克对那些本来貌似善意的新闻报道作了批判性的解读，这是宝贵的贡献，它为那种基本媒介运作过程带来更为深刻的、必要的力比多投入，它们在制造震惊效果的媒介运作过程中起着基本作用。举个例子，对于种族暴力感到愤慨，这可以视为那些好心的自由主义者的一个道德徽章，他们典型的做法就是呼吁最大限度上的多元文化包容。齐泽克却提出反对这种直觉主义的看法，他认为呼吁更多的理解往往言不由衷。震惊之余对更多理解的呼吁与发出这种呼吁的道德立场的在背后支持它的暴力与恐怖之间，有一种来路不明的共生关系。首先，需要有族裔冲突，有了族裔冲突，多元文化包容的理念，这种更为人道、更为"开明"的视角才能有理由出现。容忍的前提是一种更加强烈的但同时又拒不承认的不容忍。对于族裔冲突的结构性原因进行深入分析的不容忍，族裔冲突根子上是部落问题，常常这样一句分析就把族裔冲突打发了事。掺入道德意识的震惊，是专门用来阻碍而非促进有效的理解的。齐泽克一再说明，媒介所称的非意识形态的标准操作程序，是如何实现其意识形

态效果的。媒介通过景观性的细节，打着揭露全球性创伤和不公的旗号，偷偷置换了对于关键的政治经济原因的真正思考。齐泽克敦促我们去超越这种对他人的不震惊而感到震惊的无益的阶段。

为了说明客观暴力与主观暴力在实际含义上的差别，齐泽克对族裔冲突进行了分析，其分析表明不同文化之间需要拉大而非缩小距离。认识到差异，并认识到需要培养一种可行的意识，在族裔间保持分寸及距离，以此来包容这些差异，这比为了包容而推动包容更加重要。同样，他又一次反对直觉性的认识，提出我们需要更多而 132 非更少的仇恨。关键的区别在于，这种仇恨应针对那些系统性特征及经济不平等的真正原因，前者是指所有民族的共同敌人，而后则首先为种族主义泛滥创造了条件。个别的媒体报道总是非常重视视觉效果，很少甚至不提政治和经济背景，但齐泽克并不把震惊错置在这个地方，相反，他不断地让我们认识到有必要去考虑媒体标准操作程序的客观可预测性：新闻报道常被认为是非意识形态的，在这一幌子下，媒体永远回归到意识形态上——掩盖客观暴力的伪客观性。

齐泽克认为，我们过度依赖被媒体中介的形象，意识形态方面的后果就是形成幼稚的社会主流话语（多元文化主义、身份政治，等等），这些话语都提倡这种态度，比如“陌生人不过是我们还没了解其身世的人而已”。齐泽克反对这种态度，他认为我们需要多加思考的其实是人类交流沟通无法摆脱的暴力性，他反问道：“我们会不会因为没听到过希特勒的身世，而马上把他判定为一个敌人呢?”(*Violence*:39)媒体过度依赖主观暴力,由于这样一种象征暴力,客观暴力持续被忽视。尽管我们的景观社会使我们不断接触平面图像,尽管大量媒体学者致力于如“活跃观众研究”这样的研究领域,但某些规模惊人的悲剧,如新康拉德式(new Conradian)的“黑暗的心”,仍然在今天的刚果上演,但无人关注,也基本没有对其进行报道,最终化为乌有。那些确实发生了的创伤性事件涌
133 入当下的媒介化现实中,这就为我们了解媒体原本顺畅的运作中偶尔出现的断裂提供了有价值的见解。

交往创伤:卡特里娜飓风与假定掠夺和强暴的主体

对卡特里娜飓风(Hurricane Katrina)的媒体报道形成了又一个**生动画面**(tableau vivant)——这次是美国的种族不平等,其图像随后被措辞激进、严厉的新闻报道大肆渲染。国际媒体法新社(AFP,Agence France-Press)发布的一张白人从杂货店拿取食物的照片,附上的描述为:“卡特里娜飓风袭击新奥尔良后,两名居民发现当地一家杂货店有面包和苏打水,于是他们蹚过齐胸深水……”与此同时,美联社(Associated Press)发布的一张非常相似的黑人男性的照片却是这样描述的:“一名年轻男子在抢劫了一家新奥尔良杂货店后,蹚过齐胸洪水……”(补充了重点)。[9]在众多媒体为卡特里娜飓风巧言令色地赈灾募捐时,有一家广播公司的表现尤其突出:2005 年 9 月 2 日星期五晚上,美国全国广播公司(NBC,National

Broadcasting Company)对东海岸进行电视直播。[10]北美白人喜剧演员迈克·迈尔斯(Mike Myers)用柔和的节奏引出赈灾的倡议,接着非裔美国说唱艺术家坎耶·韦斯特(Kanye West)上场——但他却情绪激动,声音颤抖,他提到这两家新闻机构的照片,指责媒体对非裔美国人行为的描绘。他愤怒地指出,派往该地的军队竟获准射杀黑人。当迈尔斯将要完成这场赈灾活动的第二部分时(与韦斯特公开的愤怒不同,迈尔斯的方式未免显得过于安静),韦斯特宣称:"乔治·布什并不关心黑人!"以此结束了这一部分演出。

后来一些回顾性分析谈到了韦斯特发火的实质 134
内容:

> 当时路易斯安那州州长凯瑟琳·布兰科(Kathleen Blanco)在派遣国民警卫队时宣布:"我想告诉这些流氓,这些士兵知道如何开枪和杀戮,如果有必要,他们随时准备这样做,而且,我也希望他们这样做。"她和市长已经取消救援,而把精力集中在保护个人财产上——必要时可使用致命武器。(Solnit,2009)

索尔尼特强调,(很多的美国黑人)受害者相互支持,表现出了非常高尚的博爱和仁慈,而当时的媒体报道明显没有认识到这一点;同样地,那些处境要好得多的(多数是白人的)执法官员,道德沦丧,令人咋舌,媒体同样也没能报道出来:

> 有趣的是，新奥尔良警察局没收了某凯迪拉克分店的汽车，其中一些汽车被发现远在得克萨斯州。没那么有趣的是，风暴爆发后不久，他们在丹齐格大桥(Danziger Bridge)上枪杀了几家人——当然，是黑人——有一件这样的事件，媒体就可以多加报道了。一位中年母亲的前臂被炸飞；一名40岁的精神病人在前往他哥哥的牙科诊所的路上，背部被枪击五次并死亡；一名十几岁的孩子也被杀害……灾难中大多数人表现很好……卡特里娜飓风中，大多数人互相照顾，竭尽全力拯救他人——包括白人组织的“卡津海军”(cajun navy)①，他们在决堤后的第二天就带着船只进入被洪水淹没的城市——
> 135 他们整体上都很高尚善良，并且足智多谋。只有少数人(包括那些最有权有势的人)以为自己在阻止野蛮行径，实际他们才是野蛮的化身。(ibid.)

不论是在宏观层面，还是在微观层面，卡特里娜飓风肆虐后留下的残局就是创伤性的实在界，这是我们的交往行为所要加工处理的。从宏观层面上看，就在政府还没来得及安排现场发布会之时，世界各地的电视及媒体已纷纷对其进行报道，它们用严厉鲜明的措辞印证了一

① “卡津海军”(cajun navy)是美国民间志愿船队。

点，那就是这场飓风带来的社会经济不平等，其背后有难辞其咎的种族原因。在微观层面上，电视演播室里的象征秩序通常都是控制有素的，在此，迈克·迈尔斯和坎耶·韦斯特同台，这给人留下了一种初步印象，这印象也让人极其深刻地体会到，媒体在根本运作上往往排除政治色彩鲜明的情感，并且竭尽全力去保持一种即兴表演的表象——我们由衷地感受到了这种即兴性，它硬生生地挤进电视演播室的节目程式之中，而这些演播室本来是致力于制作商业化和被美化的电视节目的。韦斯特的出现很明显让其他主持人感到不适，尽管他有钱，且与飓风受害者社会地位悬殊，但他对种族主义深有同感（"我讨厌他们在媒体中描述我们的方式"），这体现出明显的种族团结精神——这是在面对客观的历史的种族歧视时，日积月累的共同感受。韦斯特的有感而发，与电视赈灾节目中最常用的那种主观的、感觉良好且音色优美的博爱男主持人简直是天壤之别。然而，在美国媒体报道中，像韦斯特这样对媒体和国家进行批判，可以说是反常现象。虽然确实有一些批判性的报道（参见 Thompson，2009），但总体来说，在卡特里娜飓风过后的赈灾救济中，美国媒体总体上并没有明显地认识到美国政府已经陷入自己的库尔兹（Kurtzian）[1]式的黑暗之心。

韦斯特共情式的情感爆发有其心理上的对立面，这见于一些白人观察员对卡特里娜飓风灾难的回应。齐泽克用卡特里娜飓风特有的"假定掠夺和强暴的主体"这一 136

① 库尔兹（Kurtzian）是康拉德小说《黑暗的心》中的主人公，白人殖民者，他的所作所为典型地代表了白人殖民者内心的黑暗。

概念取代了精神分析的“假定知道的主体”这一概念，来探讨我们往往用不加批判、不加反思的比喻来表达我们相信的事情这一方式。卡特里娜飓风引发的媒体对非裔美国人的指责基本都是错误的。然而，在齐泽克看来，即使这种指责没错，还需再问：为什么有些记者/看客/读者希望是这样的。无论指责得对还是不对，但总想从负面去描述一个少数民族，这种想法传达了一个更重要的、更令人不安的事实：对于只能证明是我们根深蒂固的歧视和偏见的东西，我们却暗暗地怀着一种压抑的情感，期望它是对的。回头看看当年 O. J.辛普森（O. J. Simpson）案[①]宣布辛普森无罪的判决之时，非裔美国人和美国白人的不同反应，也能发现这个问题。此处的问题不是为什么这么多非裔美国人击节庆祝无罪的判决，尽管对其他大多数人而言这显然是不对的，而是就算这些非裔美国人错了，是什么让他们如此强烈地想要这个“错误”的判决呢？非裔美国人弹冠相庆，这看似“不合情理”，但它反映了一个更为深刻的政治问题：对一种由来已久并且还在持续的对社会不公正的被压抑在心底的怨恨。这表明，尽管是用相反的形式表明，齐泽克“在真相的伪装下撒谎”（lying in the guise of truth）这一概念是有道理的（*Violence*：85）。

---

① O. J.辛普森（O. J. Simpson）案，1994 年前美式橄榄球运动员辛普森杀妻一案成为当时美国最为轰动的事件。此案的审理一波三折，在辛普森持刀杀害前妻及餐馆的侍应生郎·高曼两项一级谋杀罪的指控中，由于警方的几个重大失误导致有力证据的失效，辛普森以无罪获释，仅被民事判定为对两人的死亡负有责任。本案也成为美国历史上“疑罪从无”的最大案件。

还有一个与这种情况相似的例子。英国传媒界曾有个丑闻，有一些据称是关于英国士兵虐待伊拉克囚犯的照片，最终被证实是伪造的。这些照片最初出现在英国国报《镜报》(*The Mirror*)上，但很快就被证实是伪造的，该报编辑皮尔斯·摩根(Piers Morgan)被迫辞职。然而，他们的事情也表明，可以"在谎言的伪装下说出真相"：在这件事的推动下，英国体制开始铺设道路，公众对此前没有充分调查的英军滥用权力问题展开更加公开坦诚的讨论。最后一次重复居伊·德波的妙语："在颠三倒四的世界中，真实只是错误的一个瞬间。"[Debord，1977 (1967)：N9] 137

中介齐泽克的象征暴力

> ……从定义来看，一个行为总是会有外化、自我客体化和跃入未知的时刻。"心理的动作宣泄"(to pass to the act)意味着要承担风险，把我将要做的事情铭刻在一个框架之中，而这个框架的轮廓我却无法掌握，它可能启动一系列不可预见的事件，最终确立的意义将不同于甚至完全相反于我的意图——简而言之，它意味着要在"理性的狡计"这个游戏中扮演自己的角色。(*Tarrying*：31)

齐泽克愿意在媒体上频繁出现，发表见解，这导致他常被人们指责为滑稽可笑，像个小丑。正如前文中我们见过的绰号"马克思大佬"所透露的，它证实了黑格尔关于主体的本真性行动概念。齐泽克自愿投入媒体的“理性的狡计”，这使他能够揭示媒体的意识形态假设和象征暴力，他借助的不仅是他的才学，还有他在媒体上独特的表演，这些表演把人们观看的交流活动（形式）问题化，同时又在概念上启发观众（内容）。也许迄今为止最具代表性的表演，是他在美国谈话节目《夜之声》（*NiteBeat*）[11]上对他的著作《木偶与侏儒》（*The Puppet and the*
138 *Dwarf*）的讨论。很显然，对于观众而言，主持人巴里·诺兰（Barry Nolan）与齐泽克在外表和谈吐上天差地别。主持人时尚风流，光彩照人，伶牙俐齿，侃侃而谈，而齐泽克的标配就是口齿不清，头发蓬乱。诺兰一开始先是读错了齐泽克的名字，接着称齐泽克的书是他读过最难的，并故作丑态。这次对话突出了齐泽克所强调的媒体形式与内容之间复杂的相互关联性，但也展示了双方的对立：主持人温文尔雅，穿戴整齐，而齐泽克则蓬头垢面，穿戴显得无精打采；诺兰一再强调齐泽克的书晦涩难解，而齐泽克则同样努力地解释他的书谁都能读，到处适用。

下面这段对话至少部分地再现了齐泽克的出场是如何重新调整了节目的坐标系，由此，主持人在无意中就背叛了通常不为人知的媒体标准操作程序。

> 诺　兰：（开场白）雅克·拉康是一位法国精神分析学家，弗洛伊德被他说得就像个单纯的村姑。拉康关于自我如何运作的理论非常复杂，我一想到它就觉得牙疼。[诺兰接着笨拙地读错了齐泽克的

名字以及他的家乡卢布尔雅那(Ljubljana)。他问齐泽克他有没有把名字读对。]

齐泽克:(淘气地)我倒喜欢错的读音,我要是没听错的话,这是把我叫作偏执狂。

诺　兰:这是我尝试过的最难读的书。

齐泽克:那就奇怪了,因为,正相反,这本书的目的是让即便是你的祖母这样的人也读得懂拉康。

在讨论的内容方面,齐泽克继续解释了他关于权威 139
的后现代理念的论文,以此证明他的作品的可读性。为了做到这一点,他举了一个生活中的例子:一位父亲要求儿子周日随家人一起去探望祖母。齐泽克解释道,这位传统的父亲让孩子去看祖母,是以父亲的权威下命令,不容任何违抗,但至少这是直率而真诚的。但从另一方面来看,名义上超级宽容的后现代的父亲,虽然看起来更体谅孩子的感受,但实际上却是在用情感绑架来劝服孩子。他告诉孩子这对祖母来说有多重要,更甚的是,他连哄带骗地让孩子觉得自己也会享受这次探望的。通过这一简单的例子,齐泽克点出了日常生活中更深、更黑暗的心理层面。在这一特殊的例子中,那位明显更为开明、政治正确的父亲,实际上代表了双亲中更马基雅维利式的、更专制的一方。事实上,父亲扮演着传统权威(authority)的角色,这使得他的儿子既能努力维系家庭纽带,满足家庭期望,同时在心理上也能独立自由,无负罪感。因为儿子的服从本身是通过放弃内心的抵抗和叛逆来实现的。而那些最能说服人心的老板们常常都是伪善的,齐泽克对此提出了相似的看法。实际上,那些为提高员工对公司章程的认可程度而努力与员工交朋友的老板,比起那些对自己所代表的权力关系直言不讳的传统老板更善于操控。

诺兰和齐泽克之间交流的**形式**(form)实际上说明了齐泽克主要思想观点的**内容**(content)。主持人和嘉宾的
140 谈话更加表明我们接下来可以对两位谈话者进行区分,一个是表面上的温文尔雅,一个是真正的温和友善。尽管齐泽克看似代表了令人敬畏的传统深奥的哲学领域,但无论是他所说的内容还是他说话的方式,这位表面上和蔼可亲的电视节目主持人才是隐形的权威。诺兰夸大了齐泽克作品的难度,又贬低了它与日常生活的相关性,从而力求将哲学的地位保持在媒体话语的"可接受的"预定范围内。在这种话语中,嘉宾"推销一番"他们最新的被商品化了的文化作品,却丝毫动摇不了社会所接受的交际的坐标系(在采访过程中,诺兰多次举起齐泽克的书,仿佛这令人不安的抽象对话要以一个商品实物为依据)。同时,虽然齐泽克被描述为高深莫测的外国神秘主义的供应商,但他坚持认为我们应该认识到心理上的压抑体制是平凡的和常见的。这种压抑心理每天都在抑制我们的自由,限制着我们与他人关系的本真性。

可喜的是,齐泽克的作品有时也会得到媒体的认可和欢迎。例如,文学评论家尼古拉斯·莱扎德(Nicholas Lezard)在为英国国家出版社评论《先是悲剧,而后是闹

剧》(*First as Tragedy, Then as Farce*)[①]时，把齐泽克的据说偶尔让人无法理解的思想与他的真知灼见进行了比较。他描述了为何：

> 阅读齐泽克是件难事，但是值得一读；就好比为了时常收获壮丽的景观，在数英里的灌木丛林中披荆斩棘……
>
> 要解读齐泽克，我可能不是最好的人选，因为有时我根本不明白他在说什么……他的两位精神导师是黑格尔和拉康——我读他们时也遇到了问题，当然，这并不意味着他们或者齐泽克就是骗子。但人们有时确实会渴望摆脱这种晦涩。 141
>
> 因为，如果齐泽克不再那样说话，而是直接说出某事时，他确实是振奋人心的。我认为，正是这种性情，唯此一种，才是他受欢迎和存在的原因……(Lezard，2009)

在此，尽管有一些对于齐泽克思想的热情，但不乏媒体的象征暴力，象征暴力存在于它呼唤刨去哲学基础的见解。即便那些愿意尽力去理解他的评论者，也试图把他降格为思想界的纯咖啡因。形式和内容精细匀称，这就是一杯口感丰富、挑战味蕾的思想咖啡，供人细细品

---

① 《先是悲剧，而后是闹剧》(*First as Tragedy, Then as Farce*)，是齐泽克评论资本主义消费经济的一个视频演讲，主要论述了资本主义将“慈善”内化为消费行为的一部分，慈善成为经济的基本构成要素。

味，随时享用。但资本主义消费者更喜欢的却是思想上的高能饮料，甜得发腻，只堪牛饮。

所谓的“自由共产主义”的暴力慈善

> 激进的解放政治与政治现状之间真正的分界线在这里：它不是两种不同的积极的愿景之间的差异，也不是两种公理之间的差异，而是两种政治之间的差异——一种是基于普遍的公理，另一种则放弃了政治基本的构成维度……(*Robespierre*：xxvi)

齐泽克对于激进政治与当代以媒介作中介的后政治所作的区分，正好在彼得·曼德尔逊的话中得到阐释，他曾说过“我们(新工党) 对于发不义之财(filthy rich)的人
142 极其宽容”，这句话被人断章取义，为此他向《卫报》(*Guardian*)作了如下修正说明：“你们引用了我在1998年对加州电脑公司高管所作的评论，其中那句‘我们对于发不义之财的人极为宽容’(Leaders，January 11)，只要准确而完整地引用，我并不反对别人引用我的话。在那个特殊场合，我实际上说的是：‘只要他们缴纳税款。’”(Mandelson，2008)这种纠正正是对曼德尔逊真正的价值观的强调，因为他是拒绝容许“不义之财”的社会的**先验的**可取性作出政治判定的。“不义”的不道德内涵很快消失于对有效的税收制度的支持之中。只要是构成要件中有民主二字的税收制度，它必然“公平”，它凌驾于对这一

制度产生的不平等进行的评判之上。

曼德尔逊这次修正中所背叛的政治价值体系，带有齐泽克所论述的那种媒体赞同的意识形态。“自由共产主义者们一手抓，一手放，这只手放的是那只手抓的东西。”（Žižek，2006a website）。所谓的“自由共产主义者”的原型是像安德鲁·卡内基（Andrew Carnegie）这样的历史人物，“他虽然是一位钢铁般强硬的人物……却有一颗金子般宝贵的心灵”（ibid.），如今所谓的“自由共产主义者”从发达资本主义国家那些不那么物质主义的圈子中涌现出来，比如比尔·盖茨（Bill Gates）和乔治·索罗斯（George Soros）这样富有的个人。消费行为和使这一过程人性化的主体都被媒体用来使资本主义的悖论规范化，因此

> 当今的意识形态景观中到处可见巧克力泻药这种构造，这就是使得索罗斯这样的人物如此令人反感的东西。他代表了无情的金融剥削与其对立面人道主义的结合，出于人道主义，他担心肆无忌惮的市场经济会导致灾难性的社会后果。索罗斯每日的例行公事就是一个谎言的化身：他一半的工作时间用于金融投机，另一半 *143*
> 则用于“人道主义”活动（资助后共产主义国家的文化和民主活动，撰写论文和书籍），而这与他的投机活动背道而驰。（Žižek，2006a website）

正如曼德尔逊在政治上的算计，在这里，对慈善行为固有之善的主观感知，胜过对这些制度带来的更大害处做任何客观感受。这些制度保证慈善家们首先能为自己赚钱。“发不义之财”的纳税人和“自由共产主义者”都不受政治责难，由于他们为人称道的社会贡献，其中同一性质的剥削就被忽视了。齐泽克定义了（反）哲学[（anti-）philosophy]，将这种非政治（non-politics）称为**后政治**（post-politics）。关键是，政治不是被压抑的，而是被禁绝（foreclosed）的，它不是首先要去考虑的对象。效率优先的后政治判定在避免任何真正的政治判定方面非常有效，这句话或可反映这种思路同义反复的推理方式。

后政治的基本运作模式体现了齐泽克意识形态研究的关键要素。它以政治活动为幌子来消解政治；摆出一副“怎样都行”的非意识形态面貌，其实具有深刻的意识形态性：

> 后政治悖论最贴切的表达可能要数托尼·布莱尔（Tony Blair）对新工党的界定，它将新工党界定为“激进的中心”（Radical Centre）……用旧的标准来衡量，“激进的中心”一词与“激进的适度”（radical moderation）同样都是无稽之谈。新工党（或比尔·克林顿的美国政治）“激进”的
> 144 标志是它彻底放弃了“旧的意识形态分歧”……正是在此出现了断裂，政治行为本身从“社会事务管理”中分离出来，而社会事务管理仍然存在于现有的社会政治关系框架内：政治行为（干

> 预)并不简单地就是在现有社会政治关系框架内运行良好的东西,而是能对决定事务如何运作的框架做出改变的东西。"有效的想法"才是好想法,这么说,意味着人们事先就已经接受了这一全球资本主义星座(constellation),是它决定了什么才是有效的……人们也可以通过众所周知的政治定义,即作为"可能的艺术",来表述它:真正的政治,恰恰相反,是**不可能的**(impossible)艺术——它改变了现有星座中被认为是"可能的"事物的参数。(*Ticklish Subject*:198-199)

对于齐泽克而言,真正反乌托邦的政治形势,不是奥威尔式极权主义对人类的践踏,而是新的管理阶层无能的后政治。他们在媒介操控方面技艺高超,他们主要做的就是从社会话语中移除真正的政治问题……电影《人类之子》(*Children of Men*,Alfonos Cuarón[①],2006)证明了这一点。齐泽克认为,该片清晰地刻画了不久的将来人类将爆发令人恐慌的大规模不孕不育现象,但这个主题仅仅是对电影潜在主题的掩饰:电影中统治阶级存在主义的无能与今天的后政治的政客们极为相似。虽然影片中社会结构正在瓦解,但统治精英们仍住在空旷无人的奢华顶层公寓里,西方艺术的杰作在此陈列展示,无毒

---

① 阿方索·卡隆(Alfonos Cuarón,1961—)墨西哥导演、编剧、制片人及演员。他执导的惊悚科幻片《人类之子》获第63届威尼斯电影节魔法时刻奖,他本人也因此获得第33届土星奖最佳导演提名。

145 无菌，脱离时代语境。相比之下，难民营尽管一贫如洗，但却是最后一位有生育力的女人寻求庇护的地方，这里生机勃勃。

所谓的"自由共产主义者"这一概念巧妙地诠释了齐泽克提出的主观/客观的差异如何在实践中发挥作用。有些人主观上显得很善良，客观上却是有罪的，因为在全球范围带来苦难和经济剥削的制度由他们来维系，但他们主观上却希望减轻这些苦难和压迫，并且公开为此捐钱。齐泽克引用了比利时国王利奥波德二世（King Leopold II）的历史案例，他以大约 1,000 万人的生命为代价将刚果划为个人领地，但他却把通过对所谓的刚果自由州（Congo Free State）的压榨剥削获得的财富用于比利时的慈善项目。他因此在当地被称为"建造大王"（荷兰语中的 Koning-Bouwer，法语中的 le Roi-Bâtisseur）。利奥波德国王的客观暴力遗产延续至今，本章前文已有提及，但仍值得重复的是，近年来刚果民主共和国因内战死亡的人数，并不是大家知道的接近百万。在刚果的这段历史中，齐泽克发现了或许可以说是最贴切的例子，来说明我们被媒体中介的社会在过滤巨大的客观暴力上的能力，这巨大的客观暴力不仅历史有之，而且当下仍有，但却不去过滤更容易识别的主观暴力形式，"一个巴勒斯坦约旦河西岸的儿童之死，在媒体上的价值远胜过一个刚果无名氏的死亡数千倍，更不必说以色列人或美国人之死了"（*Violence*：2-3）。

结论：布莱希特式子弹的神圣暴力

齐泽克的主张咄咄逼人，他认为适当地转换视角，合
理地采用视差之见，我们就会发现，我们阻止暴力的努力
实际上可能恰恰支持了暴力。暴力并非新闻媒体客观公 146
正地转播出来的世界各地暴动行为的图像，相反地，齐泽
克将暴力重新定义为媒体标准操作程序所固有的压迫
性——尽管它声称不偏不倚，但它对语言和思想施加了
强大而有害的限制。这是意识形态的独轮车，它组合了
齐泽克和麦克卢汉的意象，其作用就是从我们大脑中的
工厂保安的眼皮底下偷偷地把东西走私出去。对于齐泽
克而言，我们始终未能看出的暴力，恰恰隐藏于它所依赖
的文化环境中那些一目了然、司空见惯的形式中。近几
十年来名人文化兴起，这有力地证明了，齐泽克那些看似
抽象的概念能有效地应用于社会现实之中。相对而言，
名人文化参照体系是新兴事物[12]，却已经发展成为在媒
体中讨论传统政治和经济问题的**通用语言**（lingua
franca），而这类讨论又多得不合比例，这种情况反映了象
征暴力和客观暴力的混合。象征暴力体现为对名人过分
关注，却忽视了政治上更重要的问题，而且，随着这种形
式的象征暴力成为媒体的主要背景材料，客观暴力在很
大程度上继续不受控制且受到质疑。

齐泽克的推理被应用于《现场八方》这样的媒介景观

中，诸如宝诺（Bono）和鲍勃·格尔多夫（Bob Gelsof）①这样的名人所起的作用明显表明，媒体主观上关注的并不单纯地就是的对于名人的一种文化痴迷，这虽然不得人心，但本质上并无大碍；相反，它能造成巨大的国际性伤害。它使得我们无法清晰地认识客观暴力实际上要求的代价。可以预见的是，媒体的象征暴力是系统性的，齐泽
147 克本人也逃脱不了它的影响。媒体操作模式排斥他的文本（例如莱扎德呼吁来一点脱咖啡因的、理论含量更低的齐泽克思想版本），同时，媒体主观地夸大他思想的古怪形式，而忽略其实际内容，这两种情况都受到了这种影响。许多新闻评论员更乐于关注齐泽克各种各样的个人怪癖，而不愿谈及他具体论述的客观含义——具有讽刺意味的是，这是对齐泽克思想的一个标准接受方式，它恰恰体现了齐泽克提出的主观/客观的区别。[13]我们片面的/偏激的视角，对于我们自由民主的体系暴力而言，既是一种促生条件，也是其无处不在的意识形态后果。从对英国小镇伍顿·巴斯特（Wootton Bassett）的悲痛到对八国集团（the G8）②的抗议活动，各种情境下随处可见媒体意识形态功能的运作。不管遇到的是和平的还是暴力的公众示威，媒体无一例外都会忽视对原因的客观评论，

---

① 鲍勃·格尔多夫（Bob Gelsof），爱尔兰歌手、歌曲作家、演员和政治活动家。组织了 1985 年的非洲慈善演唱会和 2005 年的《现场八方》演唱会。

② 八国集团（the G8），指现今世界八大工业领袖国联盟，包括美国、日本、德国、法国、英国、意大利、加拿大、俄罗斯八个国家。1975 年 7 月在法国的倡议下，逐渐形成八国集团首脑会议。2009 年，G20 国集团宣布该组织取代八国集团，G20 峰会成为全球经济合作的主要论坛。

而去渲染个人形式的悲伤和愤怒。总结一下齐泽克对暴力的分类,可以说,媒介系统地利用象征暴力来把注意力集中在主观暴力上,这样就绕开了这一问题——即我们的社会在何种程度上是建立于与主观暴力数量相当的系统性客观暴力之上的。

齐泽克的涉事主体立场(engaged subjective stance)就这样产生了让人感到头疼的客观问题:他让读者们不得不走出政治上超然事外的主观性——而这种超然事外的主观性恰恰是大多数媒体的前提条件(名人专题,"人类利益"主导下的各类新闻)——进而去直面仅在名义上号称中立的东西所蕴含的极端政治性的内涵。齐泽克提出的克服客观暴力这一难题的激进方案吸取了瓦尔特·本雅明(Walter Benjamin)提出的神圣暴力(divine violence)这一概念,其定义是"超越法律的正义之粗暴入侵"(*Violence*:151)。为了最大限度地表达其论点中的反直觉力量,齐泽克全文引用了布莱希特的诗作《审讯好人》(The Interrogation of the Good),诗中,一位"好人"在行 *148*
刑队前申诉。布莱希特诗中有一种残酷的情绪,这可能不太对一些读者的口味,但这种构思意在强调,我们视为理所当然而习惯性地忽视的暴力具有同样可怕的性质。"好人"以自己的善良为自己辩护,布莱希特以同样的方式回应,于是,与媒体的象征暴力相伴的道德推诿和政治诡辩相反,布莱希特诗中最后几行文字明确地呈现了一种用来抵消客观暴力所必需的暴力形式,而我们往往费尽心力,决不把客观暴力看作"好"心办下的错事。

我们将让你站在一堵好墙前然后枪毙你
用一把好枪射出的一颗好子弹然后埋葬你
用一把好铲在一块好地下

(Bertolt Brecht[14])

在面对主观行为的客观后果时,人的意愿程度有所不同,这种意愿程度上的差异就是把"世故的原始人"(sophisticated primitive)与"天真的犬儒"(naïve cynic)相区别的东西——或者,用我们接下来要研究的内容来说,是有严肃意识形态观的小丑与高贵的骗子之间的区别。

注释:

[1]引自 Žižek,2006c Website。

[2]最初于 2009 年 7 月 11 日 20:00 在 BBC2 上播出。

[3]最初于 2009 年 8 月 3 日 20:00 在第 4 频道播出,该节目是第 4 频道街头武器委员会工作的组成部分。(见 *http://www.channel4.com/news/microsites/S/street_weapons_commission/index.html*)

[4]*http://www.fair.org/index.php? page*=1084

[5]大卫·凯利(David Kelly)是一名政府科学家,他与 2003 年"狡猾档案"(dodgy dossier)的泄露有牵连并深陷这一事件的政治后果中,最后自杀。"狡猾档案"是一份简报文件,文件内容追溯并声称伊拉克导弹威胁已迫在眉睫,这一说法并不准确,但英国政府仍将其作为加入盟军入侵伊拉克的一个理由。

[6]引自纪录片《标准操作程序》(*Standard Operating Procedure*,2008)导演的评论原声。

[7]托尼·布莱尔(Tony Blair)看到英军士兵阵亡录像时发怒的报道,参见麦金太尔(Macintyre,2003)及迈尔斯(Miles,2003);

对伊拉克播放美国和英国阵亡士兵图像的指责，参见《线上每日邮报》(*Mail Online*，未注日期)。

[8]世界媒体对这一冷酷无常的事件的报道，参见霍珀(Hooper, 2008)；另见 Žižek, 2009c Website。把兰佩杜萨岛(Lampedusa)与非洲移民问题相提并论的更真实的、类似的文章，见波帕姆(Popham，2006)。

[9]这里提到的两张图片及关于意识形态内涵的讨论可见德·莫利亚斯(de Moreas，2005)、肯尼(Kinney，2005)及媒体安全意识网络(Media Awareness Network，未注日期)。

[10]备查可访问：*http://www.youtube.com/watch? v=9pVTrnxCZaQ* 及 *http://www.spike.com/: video/ kanye-west-attacks*/2678975。

[11]该访谈可访问：*http://www.youtube.com/watch? v=KjEtmZZvGZA&feature=related*。

[12]利奥·洛文塔尔(Leo Lowenthal)的文章《大众偶像的胜利》(The Triumph of Mass Idols，1961)影响巨大。文章分析了"一战"后"二战"前这一时期开始出现的大众传媒文化焦点的转移，从"消费的偶像"转向了"生产的偶像"。

[13]例如，朱利安·巴吉尼(Julian Baggini)所做的人身攻击性的评论。

[14]引自 *Violence*：33。

第六章

小丑的意识形态恐怖小铺

引子：致命的弄臣 149

……总有那么一天，我们会发现做一名精神分析师，意味着在社会上能有一席之地。我希望，我也确信，他们终会拥有这一席之地，即便目前占有这一席之地的，还只是那些在他们的小小的笑料铺子里踉踉跄跄的精神分析师们。(Lacan,2008：49)

在其批评者那里，齐泽克既被视为弄臣，也被看作危险的思想家[1][有时二者兼而有之——同时——见于“致命的弄臣”(The Deadly Jester)[2]这种描述]。骂他是弄臣，是出于有意无意地不欣赏齐泽克悖谬的严肃性，因为他频繁地借助笑话，这一点在前面的章节已经分析了；而认为他危险，则暴露了一种焦虑，认识到他的理论认知有能力扰乱传统的对媒介内容的理解。正如上文中拉康所言，相对而言今天的精神分析在社会上只是个边 150
缘角色，暂时还不得不经营“他们的小小玩笑商店”。就齐泽克作为文化的精神分析师所起到的作用来看，他的地位相对还是边缘性的（他在媒介领域形象高大，只是因为在学术圈里，学者的总体形象要相形见绌），媒体普遍把他严肃的政治讨论描述为轻佻的后现代相对主义。前文已经提到这种对他的指责，本章将以更多的细节来分析这一点，结合“9·11”这一创伤性事件来更加清晰地展现齐泽克激进的媒介评论中那种独特的非相对主义内核，这也是本书通篇所强调的。齐泽克不断使用笑话和色情案例，这背后有着冷静而又激进的原因，本章将通过负面却又典型的小丑这一电影角色，来加以分析。

尽管齐泽克并不反对从艺术电影中取例[例如，本章中创伤的概念是借助迈克尔·哈内克（Michael Haneke）[1]执导的《钢琴教师》（*The Piano Teacher*）来分析的]，但齐泽克想要强调的意识形态话题，只有在他更喜爱的专长领域：好莱坞电影的分析之中，才最为普遍，最为活跃。作为示例，本章详细参照由蒂姆·伯顿（Tim Burton）[2]和克里斯托弗·诺兰（Christopher Nolan）[3]执导的蝙蝠侠系列电影（Batman films）。伯顿和诺兰的电影中有一系列看似恐怖怪诞的角色，比如企鹅人（the Penguin）和小丑（the Joker）。这些电影是非常有价值的

---

① 迈克尔·哈内克（Michael Haneke），奥地利编剧、导演，他执导的剧情片《钢琴教师》（*The Piano Teacher*）获得第54届戛纳电影节评委会大奖。

② 蒂姆·伯顿（Tim Burton），美国著名导演、编剧、制片人，获第64届威尼斯电影节终生成就奖。代表作品有《剪刀手爱德华》《蝙蝠侠》等。

③ 克里斯托弗·诺兰（Christopher Nolan），英国导演、编剧、摄影师及制片人。凭《记忆碎片》获得第74届奥斯卡和第59届金球奖最佳原创剧本提名。多次获土星奖编剧奖及导演奖。代表作品有《黑暗骑士》《蝙蝠侠》等。

分析资源,借助它们,可以更加深入地展开对前面章节已经阐发的论点的分析:当今世界,自由民主不断地通过非意识形态的表象,去实现最显著的意识形态效果。蝙蝠侠系列电影中那些身形巨大、激情四射的动物角色,其意识形态意义是远非它们表面上的喜剧角色这种身份所能揭示的。对它们更为广义上的文化意义进行更深入细致的解读,有助于我们对幻想与政治之间饱含政治意蕴的关系作出富有价值的思考,不论这关系是在“9·11”事件 *151*
这种罕见的创伤性事件中,还是在多映厅影院中获得的消极逃避主义慰藉。本章认为,真正的小丑是那些没有认识到这种关系能够形塑社会这一现实的那些人。

欢迎来到实在界的罪有应得之漠①:“9·11”事件与对理论的宗教激进主义反应

> “美国得到的是它幻想过的东西”——齐泽克这一旁敲侧击的说法,与波德里亚相应和,只不过是换着法儿说美国活该……在波德里亚、齐泽克及其他人散布的后现代相对主义迷雾之中,根本性的东西在迷失。(Wolin,2004:307)

齐泽克是个时髦的斯洛文尼亚“文化理论家”,写了一些论雅克·拉康、列宁以及大卫·

① 标题原文是“Welcome To The Just Deserts of The Real”,化自电影《黑客帝国》中的一句台词“Welcome to the desert of the real”(欢迎来到实在界的荒漠),“just deserts”是一个习语,指“受到应有的惩罚”。

> 林奇(David Lynch)[①]的书……但他最有名的也许是对“9・11”事件的判断:“在某种意义上,美国得到的是它幻想过的东西。”
>
> 这个“在某种意义上”太齐泽克了:这是在玩弄辞令,用托词来伪装道德相对主义。(Bearn,2004)

上引沃林和贝恩对齐泽克的批评是典型的心理学投影图像。沃林指责齐泽克隐约其词,但就在这个例子中,沃林自己也做了同样的事,他把齐泽克对幻象的思考理解为一种纯粹的心理现象,并将之与一种无来由的指责混为一谈,认为齐泽克觉得美国罪有应得。两位作者都把相对主义的指控强加给齐泽克——如果能考虑一下齐泽克在他毕生的著述中,那种始终如一的、毫不犹疑、直截了当的方式,我们会发现这个指责很奇怪。齐泽克的论述是为了更好地辨识权力的来源,他坚持认为行使权
152 力的人应对权利的后果负责。贝恩把“文化理论家”一词放到引号中,这暴露了他所掩饰的对理论的敌视,也暗示出把文化理论化的做法是靠不住的。放到一起看,沃林和贝恩二人的误解源于他们不明白齐泽克对幻象的分析,绝不是受到相对主义的启发,而是要展示它如何在我们真实的、实用主义的生活中起到强有力的建构作用——没有幻象的生活,从根本上说是不可能存在的。

---

① 大卫・林奇(David Lynch),美国编剧、导演、摄影师,当代美国非主流电影的代表人物,代表作品有《我心狂野》《穆赫兰道》《蓝丝绒》等。

对于媒体关于“9·11”事件的报道，准确地说，齐泽克的观点与报复性的**幸灾乐祸**（schadenfreude）感所滋生的那种罪有应得的心理没有关系，“9·11”事件这一悲剧造成如此的创伤，恰恰是因为那天的景象早已在各种好莱坞电影中出现过了。好莱坞领导层的决定，才是所谓齐泽克“道德上相对主义的”（morally relativistic）理论观点的经验主义的现实版本。“9·11”事件之后，他们马上推迟了《大麻烦》（*Big Trouble*）、《附带破坏》（*Collateral Damage*）、《纽约人行道》（*Sidewalks of New York*）、《最后的城堡》（*The Last Castle*）等电影的档期，这才是道德相对主义的体现。

与那种声称齐泽克方法的特色就是“玩弄辞令，用托词来伪装道德相对主义”的说法截然相反，从他的第一本获得国际认可的书开始，齐泽克毫不含糊、直截了当的立场一直就很明确。因此，《意识形态的崇高客体》（*The Sublime Object of Ideology*，1989）一书的第一部分，涉及关于大众传媒的政治哲学，齐泽克阐述它，就是为了直面幻象和信念的心理学现象所起到的意识形态作用，这二者虽难以捉摸，但却极其强大有力。信念、不理性的依赖理性决策的方式带来的微妙效果的体验等，在意识形态话语中起着重要的作用，但由于我们对于意识形态的 153
运作过程及效果过于熟悉，这些都被置若罔闻。齐泽克把马克思的商品拜物教观念与拉康的精神分析范畴糅合起来，就是为了更加充分有力地展示这一点，仅用传统社会科学的分析方法，是不可能做到这一点的。

> 当代霸权意识形态景象因而分裂为两种拜物教模式，犬儒主义的和宗教激进主义的，“理性论证的”批评对这二者是无效的。宗教激进主义者无视(或者说至少是不信任)理性论证，盲目地紧紧抓住他的恋物癖不放，而犬儒主义者假装接受论证，但却不理睬其象征效能。换言之，宗教激进主义(与其说相信，不如说)直接“知道”他的恋物癖所体现的真理，而犬儒主义者践行的是否定的逻辑(“我很清楚，但是尽管如此……”)。(*Tragedy*:68-69)

理性论证至高无上，犬儒者对此却不置可否，这慢慢演变为犬儒主义本身的一种马马虎虎的教义。因此，不论现实存在的资本主义(Really Existing Capitalism)如何一败涂地，不论如何已经证明它会失败得像现实存在的社会主义(Really Existing Socialism)当年那样，犬儒者还是固执地坚守一套更为“现实主义的”信念/陈词滥调，比方说因为“人性本自私，除了资本主义之外也别无选择”，云云。相反地，宗教激进主义甚至都不愿意赞同这种低于理想的、实用主义的权宜说法。他直接就知道资本主义是可行的，任何反面的证据都只能证明，在它实现内在潜能的道路上，还存在着一些干扰，仅此而已。因而，就在深陷经济大萧条时，美国还是继续在一年内

卖出80万册安·兰德(Ayn Rand)[①]的书。(参见Hari,2009)

"9·11"事件后,在当代西方电视新闻话语中,占主导地位的是伊斯兰宗教激进主义(Islamic fundamentalism)话题,而非资本主义宗教激进主义信仰(fundamentalist capitalist belief)的各种形式,这毫不奇怪。在媒介的标准操作程序中,宗教激进主义的他者代表着一套与那些蒙蔽我们双眼的东西根本不同的标准——他们是借助对比来创造出来的单一维度的狂热分子,他们代表了资本 *154* 主义所欠缺的意义的一种更为实在具体的表达。齐泽克论证说,正统的宗教激进主义者的特征都是"不怨不妒,远远超脱于非信仰者的生活方式"(*Violence*:72)。基地组织(Al-Qaeda)这样的团体真正的问题不是与西方不可调和的文化差异,而是与"事实相反,宗教激进主义者已经跟我们没什么两样了,他们已经秘密地把我们的标准内化,并用这些标准来衡量他们自己……悖谬的是,宗教激进主义者真正欠缺的恰恰是那点儿真正地认为自己有优越性的'种族主义'信念"(ibid.:73)。齐泽克认为,宗教激进主义并不是针对资本主义的外来威胁,相反地,资本主义自身固有的意义缺失造成了真空地带,它恰恰滋生于某种要去填充这一真空地带的努力。从此视角来看,宗教激进主义是对资本主义自身的象征暴力的一个历史反应、一种历史改编——这一暴力就是资本主义排

---

① 安·兰德(Ayn Rand,1905—1982),俄裔美国哲学家、小说家。开创了客观主义哲学运动,强调个人主义、理性的利己主义以及彻底自由放任的资本主义。

除一切异己，全力以赴于一个普遍欲望，这一欲望只为永无止境的资本循环和扩张，除此以外别无内容。基地组织对这一循环模式的改写，是其自身的一个终结，这成为“9·11”事件毁灭景象重复不尽的媒介景观。

“9·11”袭击事件背后的战略谋划、媒体后续不断对双子塔倒塌画面的重复(但这只是没有理解基本地缘政治意义的信号障碍)，二者各自出于截然不同的政治导向，但都是对资本主义“有真相而无意义”(truth-without-meaning)的视觉再现。基地组织并非完全是异族的组织形式，相反，它直接(如果说有些变态的话)就是西方特权经营的经济模式之镜像。同样地，前面章节已指出，当对
155 “9·11”事件的军事回应变成与伊拉克的对峙，笑星阿里(Comical Ali)在摄像机镜头前的表演，其实就是西方国家的媒体自己的播音员宣告取得战争胜利的预演，事实证明这种宣告非常不准确。恐怖主义者把西方价值观内化，从而失去了他们自己独立的意识形态，而美国则连与之相当的信仰力量都没有，二者都落得只能去“盲目行动”(acting out)。由于缺少可行的选择，盲目行动充当起意识形态的替代品。然而，尽管相似性这么多，西方媒体为了媒介消费把“9·11”事件宗教激进主义量体裁衣地制造成了一个景观，“9·11”事件的宗教激进主义有一个因素却与资本主义的逻辑相悖。劫机者为了信仰献出生命，慷慨赴死，这在当前这个社会是不可能的。这个社会，总统以让大家去佛罗里达州的迪士尼乐园做回应(Bacevich，2008)，而其军事的反应就是对着一个抽象名词——未竟的**反恐战争**(War on Terror)——宣战。

为了说明在"9・11"事件这样的创伤性境况中运作的基本的心理过程，齐泽克有效地（很是让保守的评论家们恼火地）利用了迈克尔・哈内克执导的电影《钢琴教师》(*The Piano Teacher*, 2002)，该片改编自埃尔弗里德・耶利内克(Elfriede Jelink)[①]的同名小说。影片的主人公就像宗教激进主义者，"他的幻象让她上了当……（她）缺少幻象的坐标系，而这是她得以组织欲望的东西"(*Parallax*: 354)。钢琴教师与年轻男学生热恋，她在一封信中变态地、一步步地、细致入微地描述了她的性幻想，而当这名学生把信的内容付诸实践的时候，她就被强奸了。齐泽克理解幻象的功能时，优先考虑的就是它的创伤性质，并没有将其相对化。最有见地的是，他加上了至关重要的追问："……假如她在给情人的信中写出来的幻象，就是他本人的幻象，就是他内心深处想在她身上做的事，这样一来，他令人反感，恰恰是因为他从她身上得到的， 156
直接就是他自己的幻象，那么又会怎样？"(ibid.: 355)正是这进一步的认知照亮了西方媒体内部的一个致命的盲点。宗教激进主义者被他自己的幻象欺骗，这是我们非常清楚的——在我们看来，他的信仰，就像钢琴教师的信仰，清清楚楚，白纸黑字。然而，我们觉得难得多的，是认识到拉康的反直觉主义所谓的非上当犯错(les non-dupeserrent)在我们自己这里其实也是行得通的。钢琴教师的学生看到自己的幻象被反射回自己身上，惊骇不已。同样地，"9・11"事件造成了举国的创伤，恰恰是因

① 埃尔弗里德・耶利内克(Elfriede Jelink)，奥地利作家，代表作品有《做情人的女人们》《钢琴教师》等，曾获2004年诺贝尔文学奖。

为它看到自己好莱坞画面般的毁灭幻象突然就在一个太过“实在”的事件中成为现实。

齐泽克专门从精神分析意义上使用“幻象”这一术语，来清晰明了地论述沃林和贝恩言之凿凿的那种境地的对立面：

> 一些女性确实幻想过自己被强奸，尽管有这一事实，却绝不能说真的被强奸了就合法了——相反，强奸本身会因此而更加暴力。假如有两个女人：第一个是解放了的新女性，坚定自信，活跃主动；另一个却偷偷摸摸地做着白日梦，幻想被伴侣虐待，甚至强奸。关键是，如果这两人都被强奸了，第二个人受到的创伤更大，原因在于，这就让“她的梦的材料”(stuff of her dreams)在社会现实的“外部”(external)成真了。(Žižek，2007b)

在强奸的例子中，先前的幻想会强化并恶化之后任何能与它扯上关系的现实中的经历，它与罪有应得或者道德相对主义毫无关系。在精神分析治疗中，有一种治疗上的需要，叫作“穿越幻想”(traverse the fantasy)：也
157 就是说，去直面建构了(凝聚着)我们的生活的那些幻想，并对其负责。与任何一个优秀的分析家一样，齐泽克为病人/读者提出的必然是创伤性议题，可以想见，投射回来的可能也是情感泛滥的反应。沃林和贝恩不愿意在一个更为广阔的社会语境中去思考幻想所具有的基本的、

切实的重要性，这无意间表现出其他精神分析理论的作用：否认和否定性移情（denial and negative transference）。

齐泽克斜目而视（looking awry）以采纳视差之见（parallax view）的模式，严肃地对待幻想强有力的建构功能。它尤其适合用来厘清前面章节已经展示了的信仰、否认与无意识的接受等各方面复杂交叠的状况，这是我们当代景观社会的特征。在一个重度媒介化的文化环境中，关于信仰的本质，其关键方面都浓缩在媒体对"9·11"事件的报道及随后的**反恐战争**（War on Terror）之中。这场冲突的政治后果，从西方国家经媒体中介后的信仰到伊斯兰宗教激进主义（西方国家对于它的出现难辞其咎），波德里亚和齐泽克二人在"9·11"事件这一悲剧之后不久写出的文章中都曾探讨过：分别是《恐怖主义的精神》（*The Spirit of Terrorism*，2002）及《欢迎来到实在界的荒漠》（*Welcome to the Desert of the Real*，2002）两篇文章。波德里亚区别了**象征交换**（symbolic exchange）概念与资本主义**符号**（signs）秩序。前者对劫机者推波助澜，后者为美国的行动拟定方案，二者形成对照。波德里亚把劫机者的行动解读为对一种信仰形式的表达，这一信仰更为直截了当，更为发自肺腑，而劫机者的打击目标，即美国社会，基本上不可能有这种痴迷。而在齐泽克那里，回到第四章对当代犬儒信仰的诊治，西方媒介往往制造一定的效果但表面上不动声色，所以看客会说"我装作假装相信"，意思是"我还没有意识到就真的相信了"（*Parallax*：354）。

158 这种意识形态运作过程的原型范例就是商品拜物教、电子/纸质货币等概念。我们假装相信,纸质的/电子的钱确实就是我们用它买来的现实的商品之价值,而且那商品还有特殊的品质(耐克品牌这样的符号价值,是需要我们额外付钱的),而与此同时,我们还声称,我们并没有真正地相信。齐泽克提出的关键问题是,头脑清醒的否定与表现信仰的实际行动自相矛盾地并存着。与之形成对比的是,"意识形态的'正常运作'过程是其'信仰'被调转到他者身上,但在所谓的'宗教激进主义者'那里,这一过程却受到了干扰,这是因为我们很快就认识到——他们居然'真相信'——这是由这一认识的暴力回归造成的"(ibid.: 354)。这两个本质不同的价值体系陷入无法沟通的僵局,从而滋生出意识形态的难题,齐泽克条分缕析地剖析了这个难题。他展示了资本主义的信仰被升华为虚构再现的过程,它以幻象来预示现实世界的真实事件带来的创伤。这些事件正是西方文化(pace Huntington,1996),与那些真的相信的人之间的冲突造就的。由此,在沃卓斯基兄弟(Wachowski brothers)执导的影片《黑客帝国》(*The Matrix*,1999)[①]中:

---

① 《黑客帝国》(*The Matrix*,1999),由沃卓斯基兄弟执导,华纳兄弟公司1999年发行的动作片,讲述网络黑客抗拒矩阵控制的故事。该片把梦境般的虚幻世界与现实的冲突结合起来,大量使用了基督教、希腊神话、精神分析、计算机程序等领域的典故及符号。曾获2000年奥斯卡奖的四个奖项,并获英国电影和电视艺术学院奖多项大奖及土星奖等多项大奖。2003年又推出《黑客帝国2》和《黑客帝国3》,形成系列影片。

……当英雄[基努·里维斯(Keanu Reeves)饰演]醒过来进入“实在现实”(real reality)后，他看到一片荒凉景象，到处散落着烧焦的残片——这是一场星球大战之后，劫后余生的芝加哥。人类反抗者领袖墨菲斯(Morpheus)不无讽刺地欢迎他，说道：“欢迎来到实在界的荒漠。”这与纽约在9月11日上演的难道不是相似秩序下的事情吗？纽约市民们被带到了“实在界的荒漠”——对于我们这些好莱坞侵蚀下的人而言，看到双子塔倒塌的画面和景象，我们能想起的，只有那些在大制作的灾难片中最为令人咋舌的情景。有人说这个爆炸事件是如何地让人始料未及，震惊不已，还有人说它简直是最不可能的事情偏偏发生了，听到这样的说法，我们应该想想20世纪初发生的另一个典型 *159*
的灾难，泰坦尼克号(Titanic)沉船事件：这也是一个始料未及的事件，但意识形态幻想已经给它预留了空间，因为泰坦尼克号是19世纪工业文明力量的象征。[3]这些爆炸事件难道不是同一个道理吗？媒体的恐怖主义威胁言论时刻在我们周围狂轰滥炸，不仅如此，人们明显还在狂热地、不遗余力地渲染这种威胁——只需想想系列影片《从纽约逃往独立日》(*Escape From New York to Independence Day*)。因此，所有发生了的不可思议的事情，都是幻象的物化：在某种意义上，美国得到的是它幻想过的东西，这

> 才是最让人始料未及的。(Žižek,2001 website)

与沃林和贝恩相反,对于齐泽克而言,"9·11"事件对情感的影响,有一个绝对重要的、彻头彻尾都不是相对主义的因素,那就是在"9·11"事件之前——在幻想中,我们就已经看到了那种创伤感。弗洛伊德在说下面这段话时,要表达的就是这个意思,他说:"如果幻想和现实的界限模糊了,如果我们面对着的某个现实在此之前一直被我们认为是想象中的事情,如果一个符号直接变成它所表征的事物的全部功能和意义,常常就会出现怪诞的效果。"[Freud,2003(1899—1919:150)]正是由于这种露骨的非现实感如此耀武扬威地进入我们的日常现实生活中,像"9·11"事件这样的景观才格外地令人痛苦。

齐泽克疯狂中的方法

> 莎士比亚赋予他剧中那些被称作"傻子"、宫廷弄臣之类的角色至关重要的作用,因为他
> 160 们的地位,在他们身上能够发现最隐秘的动机和人物特征,这些东西,举止得体的人是无法直言不讳地去探讨的。这不仅仅是疏忽大意和冒犯无礼的问题。他们要说的内容基本上是通过语焉不详的方式说下去的……我们决不能忽视哈姆雷特装疯的方式,有口无心地表达看法,话里有话,含糊其词,乍现的灵光让他的敌人眼花缭乱——所有的这一切赋予他的言辞一种近乎

疯魔的特质……哈姆雷特所说的一切，及周围的人的反应，同时产生了许多的问题，观众也不断地陷入其中，不得其解。(Lacan et al.，1997：33-34)

乍一看，风靡一时的蝙蝠侠系列电影[尤其是蒂姆·伯顿执导的《蝙蝠侠》(*Batman*，1989)、《蝙蝠侠：重现江湖》(*Batman Returns*，1992)，以及克里斯托弗·诺兰执导的《蝙蝠侠：侠影之谜》(*Batman Begins*，2005)、《黑暗骑士》(*The Dark Knight*，2008)]肤浅虚幻，改编自逃避主义的漫画书，远离“严肃的”社会政治话题。然而，齐泽克式的阅读却将他们在剧中的表演认为是意识形态崇高客体的绝佳范例——非意识形态的寻常形式伪装之下的资本主义意识形态的化身。下面《黑暗骑士》的选段是小丑(the Joker)对法律的代表形象——地方检察官哈维·登特(Harvey Dent)所说的话，他解释道：

如果期望别人被杀死，这人被杀时人们就不会恐慌。如果是按计划行事，即使计划是骇人的，人们也不会恐慌。如果我告诉媒体，明天一个痞子要被枪毙，或者一车士兵会被炸死，没人会恐慌。但是如果我说某个小老头市长要死，大家都会疯掉！如果你制造一点儿无政府主义的混乱，触动已有的秩序，那么一切都会乱套。我是混乱的代言人。你知道混乱吧，哈维？这很公平。

小丑为混乱做的辩解，生动地说明了齐泽克的主观 *161*

暴力与客观暴力的区别。《哈姆雷特》使观众迷惑不解，在前文中拉康已经对此做了解读；还有弗雷德里克·詹明信的**认知图绘**（cognitive mapping）概念——他用这个词来表达培养概念手段的必要性，借助它我们才能在后现代消费社会变动不居的混乱状态中为自己指明方向。此外，小丑的话与上文中拉康对哈姆雷特的分裂形象的解读、与齐泽克的发现都非常相似[齐泽克发现，"今天的问题是一旦出现混乱和无序，人们就丧失了认知图绘"（Žižek interview, Thornhill, 2009）]。齐泽克第欧根尼式的挑衅，对应于小丑（以及蝙蝠侠系列中半搞笑、半邪恶的各色形象）所诠释的角色，他们在心理上让人焦虑，但在政治上却发人深省，二者相映成趣。

齐泽克被人戏称为弄臣，他与蝙蝠侠里的小丑一样都对混乱感兴趣。然而，小丑是自封的混乱代言人，靠的就是社会迷失方向，而齐泽克却致力于寻找认知图绘。正如齐泽克一般，小丑迷人又风趣，但他们表演的力道简直要盖过他们要给我们传达的信息的精髓，即其激进的政治内涵。这正是媒体在报道魅力超凡的个体时的一个明显特征。亨利·路易·泰勒（Henry Louis Taylor）发现，我们对于马丁·路德·金（Martin Luther King）[①]的梦想中实际含有的政治内容，有一种集体式的遗忘："谁都知道，甚至三岁小儿都知道马丁·路德·金，谁都能说出，他最有名的一刻就是那个《我有一个梦想》（*I have a dream*）的演讲。但是也就到这个句子为止了。我们对他

① 马丁·路德·金（Martin Luther King，1929—1968），美国著名黑人民权运动领袖，遭白人种族主义者枪击身亡。

所有的了解就是这家伙有个梦想。我们不知道那个梦想是什么。”(引自 *Tragedy*：37-38)金博士的政治超越了种族：他为反战和贫穷问题发起运动，死亡前夕他还在孟菲 162
斯市(Memphis)[1]支持环卫工人罢工。我们如今记住的只是作为一个民权领袖的金博士形象，它更加偶像化，但又更为局限，其中丧失的正是这种实质上的政治内容。同样地，很多人都认为《黑暗骑士》是部让人不安的电影，尤其是早逝的希斯·莱杰(Heath Ledger)[2]的表演。但是很少有人能够说清楚，影片除了阴郁的哥特美学风格非常突出外，它为什么能如此深刻地引起观众的共鸣。

齐泽克质疑这部电影的震撼力是否源于它“触动了我们意识形态-政治的星座之神经：真相是不得人心的”(Žižek 2009b)。杰克·尼科尔森(Jack Nicholson)[3]和希斯·莱杰所塑造的小丑确实在一言一行上触动了人们的神经——小丑不仅言辞风趣犀利，不断地对官场的虚伪空话发起批判——而且行动蔚为大观，动摇了官方版本中的所谓的真相。在《黑暗骑士》尤其发人深省的一幕中，小丑擅自闯入布鲁斯·韦恩(Bruce Wayne)[4]的家庭晚会，张扬地泼洒他酒杯里的香槟，这香槟是韦恩之前偷

---

① 孟菲斯市(Memphis)，美国田纳西州城市名。

② 希斯·莱杰(Heath Ledger，1979—2008)，澳大利亚影视演员，因出演《蝙蝠侠：黑暗骑士》中的小丑一角获 2008 年奥斯卡金像奖最佳男配角奖。

③ 杰克·尼科尔森(Jack Nicholson，1937—)，美国演员、导演、制片人、编剧，布朗大学艺术荣誉博士。曾获 1976 年第 48 届、1998 年第 70 届奥斯卡金像奖最佳男主角奖及 1984 年第 56 届奥斯卡金像奖最佳男配角奖。他在《蝙蝠侠》中饰演小丑这一角色。

④ 布鲁斯·韦恩(Bruce Wayne)，蝙蝠侠的前身。

偷扔掉的 —— 这件小事反映了他们在表象和现实之间截然不同的态度。《蝙蝠侠》中，小丑反对偶像崇拜，最值得一提的例子就是杰克·尼科尔森在哥谭市艺术博物馆(Gotham City Art Museum)里德波[居依·德波(Guy Debord)]式的游荡(dérive)。伴着由正式名号为"王子"(Prince)的艺术家创作的音乐《信任》(Truse)，小丑一伙人在这里狂欢，在名画上胡写乱画，把雕塑掀翻乱砸[尽管小丑在弗朗西斯·培根(Francis Bacon)[①]的《肉形》(*Figure with Meat*)前驻足观看，并说"这幅我看不错，鲍勃，留着吧"]。尽管小丑放浪形骸、胡作非为，但我们可以说，他与齐泽克本人一样，最为触动这个时代神经的就是，在他们表面上看来乖张的举止之下，隐藏着未加矫饰
163 的事实真相，而这令人不安。小丑和齐泽克以乖张示人，但几乎所有其他哥谭市的角色却都戴着面具，蝙蝠侠是戴着实打实的面具，而其他人则是面对不同的选民，出现不同的面孔。这其中最极端的要数《黑暗骑士》中的地方检察官哈维·登特，他半边脸被毁容后，成了双面人。

齐泽克问道："那么，深知揭穿面具之下的真相会打乱社会秩序，又要把这真相揭开的小丑是谁？他不是不戴面具的人，相反，他是与其面具一模一样的人，一个就是他的面具的人——他的面具下没有什么'寻常面孔'，什么都没有。"(Žižek，2009b website)小丑本人就是对社会伪善现象的实况转播，而这进一步解答了齐泽克提出的设问，因为小丑针砭时弊，尖酸刻薄地挖苦攻击，而且

① 弗朗西斯·培根(Francis Bacon，1909—1992)，英国画家。他的作品风格犀利，画面多为扭曲、变形和模糊的人物，充满暴力与噩梦般的气息。

他邋遢的外表与周围的人形成了强烈反差，无论是哥谭市的社会精英（小丑的闯入因此更加刺眼，返璞归真的他们，在那些注重形象的社会高层人物的聚会中显得不伦不类），还是穿着精心设计的高科技蝙蝠装备的蝙蝠侠本人。还有一点，小丑在揭穿社会礼仪中的细节时，即便他说谎，也是为了揭穿更深层的真相。他坚决不用那种别人可能都会用的治愈系语言，来解释他的行为是如何受制于他丑陋的面容的："这就是为什么小丑没有任何前传，行动也没有明确动机。关于他的伤疤，对于一百个人他能讲一百个故事，这让那种觉得他的行为背后有深层的创伤性动机的想法成了无稽之谈。"(ibid.)小丑带来了让人不安的影响，这部分地是因为他扰乱了后现代的认知图式，我们正是藉此自欺欺人地迎合适应资本主义制度下的系统性扭曲的生活。 164

小丑这一角色深刻、犀利地凸显了我们对现状进行"力比多"投资的真实本质，在此过程中揭示了让人不适的真相。他的动机就是没有动机。他的慢条斯理，表现的正是资本主义社会制度的麻木不仁。在这里，死亡和毁灭，只要能权且当作计划的一部分，那就是可容忍的。与此形成鲜明对照的是，他决意要促使人们去质疑这种计划根本的正当性。这就是他始终不愿意给自己的行为一个始终如一的说法的原因——他是怎么毁容的，他给出了各种说法。他的解释就是，没有终极的、随随便便的解释。小丑代表的是一个当代潮流的实实在在的对立面，这一诚实版本就是拿疗伤为我们的行为辩解。在此，齐泽克提到了虚构的光头仔的行为，他是个"新纳粹主义者”(neo-Nazi),代表的是后现代的犬儒主义,因为只要有必要,他就拿童年的创伤为借口,为他那些让人难以容忍的“法西斯”行为开脱。小丑与光头仔不一样,小丑在脸上胡乱涂抹,来夸大他那毁掉的面容,这简直就是最直接地直面社会的创伤内核:我们本质上依赖于不同程度的暴力,但这一点,我们更喜欢去否认。

作为资本主义不安的良心的哥谭市恶棍:你丢到马桶里的,我镌刻在我的战袍上

> ……他是个苦行僧,没有什么身世。更确切地说,他唯一的目标,他快乐的源泉,是让他捉住的人去面对抽象而暴力的下层建筑,这些配置了他们的文化……小丑的刀疤脸代表的就是资本主义无形的逻辑,妆容精彩,画着咧着笑
> 165 的大嘴。他欲望纯粹,但没有具体内容,这悖谬地使得非人格的人格化,不可见的可见了……小丑就是驱动资本主义的那种欲望。没有内容,也没有目标能够满足他,他存在于我们的理性体系之外,唯有暴力才能挡住他。然而,他不会垮掉,只能被打击,因为对于他所提的问题,解决办法就是问题本身:系统暴力的压抑。(Reece,2008)

因为小丑非常独特,言行一致,表里如一(不像布鲁斯·韦恩/蝙蝠侠这种二分状态,也不像哈维·登特出事

前和出事后表现出的那种本来面目与象征意义的两面性)，所以小丑是一个有着强烈感染力的角色。综合来看，他传奇性的外表，他的大笑，他的行为，这一切都反映了资本主义体系那些通常被压抑的、不可见的因素。阿多诺归入高雅艺术特征的那种恬不知耻的禁欲主义，被小丑吸收并入他单纯的驱动力之中，但是他各种复杂的特技，却又是对低俗文化的必然结果的讽刺性美学批判，这一结果就是当代生活的色情暴力和对景观的依附这一性质。这主要以两种形式出现：

1. 小丑自觉地利用哥谭市的新闻和电视媒体来发表观点，非常典型的是他进入公共空间，是决意要制造景观性事件的。
2. 小丑同时是社会及其超我代表(both the society and its superhero representative)的黑暗镜像，他要动摇和破坏它们。

这两个因素中的后一个，在主题上赋予《黑暗骑士》丰富的意识形态意蕴，这能够充分说明，齐泽克把高雅理论/低俗文化相结合，这是合情合理又有启发意义的。社会需要一个与罪行做斗争的幻象的英雄形象，小丑对这 *166*
一现象的真实本质提出了让人灰心丧气的质疑。英雄形象是一个象征符号，幻象可以投射其上[从字面意义上讲，可以将其想象成向蝙蝠侠求救时用的蝙蝠信号(Bat-Signal)]。小丑能给我们带来多大的困扰，与他的揭露方式直接相关，他让我们看到在社会中通常被压抑的事物。

小丑如此直接地充当蝙蝠侠在主题上的对应角色，正如上文中里斯（Reece）所描述的，因而他的这张脸（尽管是扭曲的脸），能够面向资本主义的非理性层面。在某种意义上，我们知道这一层面是存在的，但是在另外的某种意义上，我们又不想接受这一点。小丑的意识形态作用实际上是深刻而严肃的。

蝙蝠侠系列电影的一个模糊的基调，潜伏在这位与影片同名的英雄和他的各色对手之间亦同亦异的交叠状态中。这位超级英雄的一个非同寻常的特点就是，他这个角色堂而皇之地带有恶棍形象中常见的那种黑暗的象征因素。悖谬的是，蝙蝠侠被塑造为希望之神，但他出现于夜的暗影之中，而危险的罪犯们却带着小丑般的可爱滑稽相。小丑是一个明显的例子，他的威胁负载在他那看起来绝对没有危险的形象之上。而企鹅人更甚，企鹅原本是老牌的幽默风趣动物，在《蝙蝠侠：重现江湖》中，他乘坐超大黄鸭船出行，滑稽好笑，但其实他也是权力肮脏的阴暗面令人不安的化身。举个例子，在一个戏仿克林顿政治辞令的片段中，有一个名叫马克斯·史瑞克（Max Shreck）的资本家，他为企鹅人提供资金，企鹅人从他那里学会了怎样在摄影机前用一种老套的方式说话和表演：“也许，我曾救过市长襁褓中的孩子，但我不会去救一个袖手旁观、无助如幼童的市长。”与这种油嘴滑舌的辞令结伴同行的，是那种点缀着厌女症腔调的粗俗评论。
167 史瑞克给了一个女粉丝与他合影的机会，女粉丝说：“你是年轻人最酷的榜样。”企鹅人回敬一句：“而你是榜样中最骚的年轻人。”他色眯眯地把一个运动徽章放在她的胸前，他再次戏仿那种辞令说：“市长的事务与权力无关。市长要把手伸到老百姓那里，感知百姓疾苦，揣摩百姓心思。”最后，他带着这种高见去见了猫女（Catwoman）：“恰是我久等的猫咪（pussy）。”

权力的色情猥琐的阴暗面在此被表现得淋漓尽致，在企鹅人早前揭开政治色情的阴暗面之时，这一点已经有所预演。史瑞克第一次见到企鹅人时，由于史瑞克的道德沦丧，他正受到强烈谴责，而企鹅人转着一把螺旋雨伞——这是我们为了不去看社会形势底部的真相，而把自己置于自我催眠术之下的一个可视的隐喻。企鹅人发现他并说道：“尽管看似奇怪，马克斯，你我却有共性：我们都被视为怪物。但是，不知怎么的，你是个被人崇敬的怪物，而我，直到今天，都还没被尊敬过！”史瑞克为自己辩护道：“坦率地说，我觉得这么说可是冤枉我了，我是个商人。尽管，确实，我精明，好吧，但也不能因此而叫我怪物。”对此，企鹅人反唇相讥：“别自取其辱了，马克斯。我太了解你了。你藏起来的，就是我要揭露的。你丢到马桶里要冲走的，我镌刻在我的战袍上。了解了吗？”最后这个措辞，以及杰克·尼科尔森扮演的小丑宣言“这城市需要泻药”，这两句可视为齐泽克对大众文化进行理论解读的铭文。蝙蝠侠系列电影中的歹徒们跟齐泽克一样，要剥开表象的皮来发现下面的真相，这样的欲望驱使他们走到一起。企鹅人想要“认识我基本的人性。但最重要的是，我想搞清楚我是谁”。他与小丑、猫女等都一样（“谁是蝙蝠背后的男人？也许你能帮我找出猫咪背后的女人？”），企鹅人踏上了真正的自我发现之路，而蝙蝠侠 168

电影中那些来自司法和政治体系的"好人"角色们,却都在捍卫那些高贵的谎言,觉得这对社会极有必要,正是这些谎言阻止社会无法长期地或者密切地去反思它的一些基本假设。《黑暗骑士》结尾就是这么演的。

企鹅人试图扯下史瑞克商业性的面具(企鹅人说:"记住,马克斯,你藏着掖着,我招摇过市。"),正如小丑试图揭开蝙蝠侠的面具,并在哈维·登特实实在在的、毁容的双面中,令人毛骨悚然地、创伤性地揭开了他的虚伪面纱。甚至像猫女这样相对而言的小角色都揭示出了压抑——通过性的形式。她从一个衣着过时的女秘书转变为一个身着橡皮紧身衣的性感猫咪,男性眼里的尤物。在这个过程中,她发表了一系列充满色情意味的议论,先是与她的猫的对话中所含的对挫折的隐喻:"你刺激、瞎胡闹的性冒险搞完回来了?你不愿意提,可我也不想刺探。"到后来直率的俏皮话:"你们这群可怜虫——总是把你们的手枪和男根给搞混(always confusing your pistols with your privates)。"在蝙蝠侠系列电影中,尽管这些因素反映的只是表面上的虚伪,但是这些电影在刻画哥谭市的社会时,其意识形态效果在整体上是要遏制和搅乱真正激进的资本主义解读的。用齐泽克的话来说,有这种效果,是因为这些电影充当了构成性意识形态,而非被构成的意识形态(constituent rather than constituted ideology)。

作为构成性意识形态的蝙蝠侠

……我们应该区分被构成的意识形态——

> 对内容的实际操控和歪曲——和构成性的意识形态——为内容得以定位的空间提供坐标的意识形态形式……今天，这种基本的构成性意识形态伪装成它的反面，即无意识形态。(Žižek, 2009b website) *169*

被盗的手推车这个轶事中凝缩了构成性意识形态的概念。我们太过关注名义上的内容而忽略了该形式的意识形态效果，蝙蝠侠系列电影就是这个过程的生动说明。就被构成的意识形态这一层面而言，这几部系列电影对于发达资本主义做了非常激进的批评——哥谭市是一个黑暗的（从影片摄影本身而言也是如此）敌托邦(dystopian place)，此地贫富差距很大，富庶奢华旁边就是贫穷肮脏。然而，电影的组织形式与其中可能比较激进的信息处理方式，却在整体上造就了一种迥异的、并非被构成的意识形态效果：把各种不同的漫画和符号，可能具有的批判效果处理为构成性的意识形态要素。举个例子，《黑暗骑士》不仅明确涉及个体的公众人物的腐败问题，而且也有力地刻画了整个政治经济统治阶层根深蒂固的犬儒主义。因此，很明显，影片对构成性意识形态所采用的形式非常清楚，轻车熟路。然而，影片并没有接着去探索解决这一意识形态问题的激进办法，它给出了一个更为复杂、更为深刻的构成性意识形态形式（影片的形式本身），因而可能的解决思路更加不清晰了。电影说明了“当代的犬儒态度：在此，意识形态可以把牌摊到桌面上，把它运作的秘密都公开，但照样运作下去”(*Indivisible*

Remainder：200；1997b website)——被偷的手推车的意识形态。

电影的意识形态的构成性方面最清晰地展现于自由共产主义的化身——布鲁斯·韦恩提道："资本主义需要
170 慈善，与蝙蝠侠证明布鲁斯·韦恩的钱来路正当，二者如出一辙。哥谭市代表的资本主义先是制造出问题，然后又给出了压抑的面具，有了它们，问题就会被解决。"(Reece 2008)这些电影把资本主义的系统问题展示为马克斯·史瑞克这样的个人资本家，和他们的魔兽界同侪如小丑和企鹅人等人的缺陷，他们走极端到了无可容忍的地步。这些电影没挑明的意思是，韦恩家族的遗产中奉为圭臬的慈善资本家模式就是社会问题的解决办法，而这也是蝙蝠侠努力要去保护的——父亲之名——他父亲的善意的遗产。因而，电影把客观的、系统的问题主观化，这是齐泽克提出的主观暴力和客观暴力的概念区分的实证。电影通过构成性的保守形式来实现这个效果，以这种形式来表达被构成的意识形态内容——这只是从表面上对激进的资本主义黑暗灵魂的刻画。蝙蝠侠可能来自漫画书，但是好莱坞电影却代表了严肃的政治问题：被媒体中介的当代信仰的具体实质。

今天的信仰，问题在于信仰与行动之间有距离，而这距离人们还不承认——我们装出一副假装不相信的样子。对此在第四章我们已经看到其"原始的"和后现代之间的区别。尽管表面上我们是犬儒的，但是我们持续行动，装作确实相信的样子，造就了其自身的象征效能，而且我们事实上也会逐渐相信它，尽管自己也抗议，但是我们期望着与其相反的东西：

> 在信仰的层面上，资本主义观点的核心——商品，是富有生机的；资本有一种半自然的地位——资本被批判，但这正是在与这些概念拉开讽刺性的距离，恰恰是这距离，我们才得以去行动，就仿佛它们是真的似的。有了这种
> 对信仰的否认我们才得以去这样行动。因而， 171
> 意识形态，取决于这一信念，“真正重要的”是我们之所是，而非我们之所为，而“我们之所是”由一种“内在本质”所定义。（Fisher，2006）

尽管原始人与其信仰保持距离是有意而为，我们的“不相信”却为资本主义的关键机制——市场、媒介等所中介。这样，康德的主观上的客体性的（由主体解读的现实）成了对象化的主观的（主体被现实解读/质询）。“尽管人们也许会声称不信任政治制度，但是他们慵懒的犬儒主义只能证明这种制度是正确的……这种观点认为我们在社会中行事的方式由客观的市场力量，而非主观信仰所决定。”（Thornhill，2009）以此来看瑞秋·道（Rachel Dawe）在《蝙蝠侠：侠影之谜》（*Batman Begins*）片尾所说的话，就会发现这些话与犬儒做法共有一种模糊性，而这非常重要：“布鲁斯……在内心深处，你可能仍然是你一向都是的大男孩。但却不是体制之下的你……你的所作所为定义了你。”

齐泽克与小丑和蝙蝠侠之间最重要的区别在于，齐

泽克在他的行为与信仰之间保持必要的、头脑清醒的距离，而小丑却疯狂地剔除了这一距离，自己成为自己的面具，从而把瑞秋的话发挥到她无法想象的地步。而同时，蝙蝠侠却犬儒地躲在他的面具之下。他只把面具当作一个符号，但也因此没有认识到它深刻的象征效能和对他的灵魂的影响。尽管小丑拒不承认任何一个根本性的说法（对于毁容，每次他都有不同的解释），但齐泽克却始终贯彻他所受的主要影响。小丑为自己制造混乱，齐泽克却有着清晰理性的动机：让社会穿越其基本的幻想。齐
172 泽克的批评者们要么不能，要么不想去看到的，是齐泽克（像蝙蝠侠，而不像小丑）很清楚面具的必要性，而且（像小丑，而不像蝙蝠侠）很清楚需要为这些面具负责。

蝙蝠侠系列的哥特（哥谭）幻象代表着一种被修复的创伤，藉此我们可以不去面对现行的资本主义中更为哥特式的阴森现实。同时借助被构成的意识形态和构成性的意识形态，《蝙蝠侠：侠影之谜》没有正面承认资本主义带来的问题。资本主义的错误被描述为个别失误，而不是内在结构固有的失误——韦恩家族做慈善，他们为人民修建了一条铁路。然而，在影片结尾，铁路被毁掉来避免无产者大众的崛起，这标志着这种关系崩溃了。无产者大众因为稻草人（Scarecrow）[①]致幻的气体武器而崛起（让人想起马克思的“一个幽灵在欧洲徘徊”），又由于忍

① 稻草人（Scarecrow），《蝙蝠侠》影片中的反派，开发出“恐怖毒气”，好从心理上折磨对手，是蝙蝠侠的劲敌之一。

者大师雷霄·奥古(R'as Al Ghul)[1]的影武者联盟(League of Shadows,参见 Communist League)而变得强大。对没有信念本身的基础进行加强,这中饱私囊地把没有信念本身变成了一种信念形式,各种面具和装束的象征效能都这样呈现。蝙蝠侠系列电影中,不断地有言辞上或者视效上对各类角色着装的荒唐性质的指涉(尤其是布鲁斯·韦恩,他对蝙蝠侠的装束作了各种不以为然的评论,然而,蝙蝠侠仍然代表着“哥谭市名副其实的大英雄”)。对于贯穿影片始终的这些符号,有一种表面上的犬儒态度,它笼罩在这些符号所起到的深刻、严肃的意识形态作用之上。

结论:高贵的谎言

谎言对于鼓舞民众士气是必要的,这就是《黑暗骑士》最终给出的信息:只有谎言能够救
赎我们。难怪,电影中唯一代表真理的人物吊 173
诡地是小丑,是头号歹徒。他对哥谭市的恐怖袭击目的很清楚:只要蝙蝠侠摘掉面具,把他的真实身份公之于众,他们就收手;为了不让蝙蝠侠的身份泄露,为了保护他,登特告诉媒体他就是蝙蝠侠——另一个谎言。为了让小丑上当,

---

[1] 雷霄·奥古(R'as Al Ghul),《蝙蝠侠》影片中蝙蝠侠师傅达卡的原型,是蝙蝠侠最强大的对手。

> 戈登(Gordon)[①]设计了自己的(假)死——又一个谎言。(Žižek,2009b website)

齐泽克和小丑二人都“装疯卖傻”。对于传统社会立基之本的高贵谎言,这是其中犬儒主义意味的解毒剂。故而,《黑暗骑士》的高潮是对于资本主义意识形态的不同寻常的直白陈词。与之形成对照的是,齐泽克和小丑身上共有的那种滑稽怪诞气质,专门用来凸显高度理性化的守拙抱朴,社会正是凭借它而不去面对其结构性的客观真相。不论在现实中,还是虚构中,这些卧底都越出了舆论可接受的范围。不仅这二位,还有《黑暗骑士》结尾处的蝙蝠侠,他们的身份都是边缘化的,以这一身份为表达形式,他们争论的内容得以传达:为了避免直面其自身体系性的真理,社会需要主观的替罪羊——这就是它通过歪曲现实、强调主观暴力而掩饰了的主观暴力的对应物:客观暴力。齐泽克的媒介批评者们利用被构成的意识形态,沉湎于对齐泽克理论内容各种相似的曲解之中。他们也依靠构成性的意识形态,把齐泽克描述为一个弄臣,一个滑稽的虚无主义者。这就是错误地给齐泽克贴上后现代相对主义者标签的根源。他急于要扯掉社会高贵谎言潜在面具的当权派,通过嘲笑小丑的荒唐笑话来取代这种急迫。然而,尽管齐泽克这个小丑和蝙蝠侠电影中的小丑用的是同样的方法,齐泽克却始终致力

① 戈登(James Gordon),《蝙蝠侠》影片中的警察局长,蝙蝠侠的患难之交。

于解读政治真相(以及清晰地认识说话者的地位与说出 174
的内容之间的关系),这使他有别于电影中的小丑和他要揭示的政治体系二者的虚无主义。真正虚无主义的方法是,用制宪性意识形态实践,来把基本的政治和社会问题简化为过于主观的、漫画式的消遣。

蝙蝠侠系列电影提出了严肃的意识形态问题,但仅仅是以一种典型的好莱坞方式提出这一点,好莱坞的拿手好戏就是为资本主义政治的梦游症创造条件——我们很清楚,银行家已经搞垮了这个体系,但即便如此……这些电影因而是神话性的反神话——在神话的伪装下,它们强化了日常资本主义讲求实效的犬儒主义。尽管开始有一些对于资本主义体系性的内在矛盾的描述,但最终这些资本主义结构性问题却沦为闹剧中善恶角色间的伪人类大战。这些角色以夸张的形式出现——一个蝙蝠人和一个患着精神病的马戏团小丑——这些有着足够的象征力量为影片蒙上一层凶兆的暗黑主题光晕。然而,最终,对系统整体的残暴的合法性思考被去崇高化,沦落为一个小丑的个人化形象,相应地,对于系统整体司法公正的观念又被崇高化,升华为一个蝙蝠侠意象的异化主体——一个甘愿为“更大的善”而承受诽谤中伤的个体形象。高贵谎言的虚伪在于,它把更大的善定义为维持一个系统的力量,而这一系统实际上却服务于少数人的利益。某一意识形态情境的实质需要藉由其呈现的形式来理解。为了把形式与内容分开,我们需要从理论的高度给它加括号。理论需要对抗的正是意识形态藉以运作的“实在性抽象”本身:例如,去弥补“镌刻于民主进程的具体现实中的权力和经济关系衍生的抽象事物”(*Parallax*:56)。

175 由于大众文化的真理“只是虚构”的,所以被主流意识形态加了括号,不予思考。《黑暗骑士》收尾时呼唤资本主义文化赖以维持的高贵谎言,这是对于事态的真正运作方式的格外直白清楚的承认。这种承认的重要性绝不能仅因为它出自一个虚构电影就被忽略。为了免去找到藏在眼皮底下的失窃的信或在一个战场上找一具尸体而大动干戈的麻烦,齐泽克的方法是比大众文化对待自己还要严肃。为了探讨抽象与实在、面具与社会现实之间的相互关系,齐泽克利用了笑话和取自大众传媒的那些明显乱开玩笑的例子。尽管杰克·尼科尔森和希斯·莱杰把小丑塑造为魔鬼,嗜暴力成性,而这只是资本主义的“各种创造性毁灭”的一个面相,齐泽克这个小丑却持有深刻而严肃的政治观点。虽然齐泽克始终幽默搞笑,但是他最终的政治看法绝不是轻佻的玩笑——转述警察局长詹姆斯·戈登(James Gordon)的话,可以说:“哥谭市配不上齐泽克这样的理论英雄……但它眼下正需要这样一个人。所以,我们要追捕他,因为他做得到。因为他不是我们的英雄……他是个口若悬河的守卫者,是个处处提防的密探……是灵魂暗夜的一个黑暗骑士。”

注释:

[1]亚当·基尔希(Adam Kirsch)曾指责齐泽克是“西方最危险的哲学家”。《活在末世》(*Living in the End Times*)一书在封面的标题之下的署名行非常风趣地印上这句指责来做广告。

[2]参见亚当·基尔希(Adam Kirsch,2008)对《为失败的事业辩护》(*In Defence of Lost Causes*)的评论。

[3]这种关系还有一个类似的例子。小说也能够预先描述一些社会性的创伤趋势。这一点可见于摩根·罗伯特森 1898 年的中篇小说《无意义,或泰坦的沉没》(*Futility, Or The Wreck of the Titan*)之中的预言,这成为 1912 年泰坦尼克号沉船的先兆。

结　论

不要“尽管去做”：耐克时代的否定辩证法 176

> 不能立刻付诸行动的思想是无可容忍的，这种想法源于卑怯懦弱。……18世纪启蒙思想家所熟知的那套资产阶级老把戏……又一次上台，老调重弹：消极状态造成的痛苦居然转化为对讲述痛苦的人的愤怒……言说这痛苦的人成了千夫所指……伪行动与主观设定的伪现实沆瀣一气；伪行动为了为人所知而虚张声势，把自己捧上了天，完全忘了它不过是逞一时之快，结果把自己抬举成了目的本身……行动绝对化时，只有反行动才是可能的，但正因如此，反行动也是错误的……假使门被堵了，思想绝不能被打断，这倍加重要。［Adorno，2001(1978)：200］

上文引自西奥多·阿多诺（Theodor Adorno）的 177

短文《论顺从》(*Resignation*)。他寥寥数笔就勾画了那些惯于谩骂指责齐泽克的人所怀有的反智性观念,同时也反映出齐泽克为不行动理论进行辩护时牵扯的一个关键因素。齐泽克的辩护是反直觉的,颇有点怪异。媒介景观的枪林弹雨要求观众投身伪行动之中,要求观众现在就行动,齐泽克却认为,面对这一弹幕,最好的行动就是不行动。齐泽克对2005年巴黎市郊暴乱的解释,就应和了阿多诺的这一论述。在齐泽克看来,暴乱分子们稀里糊涂地参与制造了这种(无效或)有效的非政治性景观——耐克的广告口号"尽管去做"是它借鉴的代名词,其先发制人,却没有政治上的针对性。示威者们漫无目的地破坏当地环境,就好比说了一通"客套话"——完全是无关痛痒的表演。示威暴乱是专为媒体量身定制的,这说明真正政治性的抗议已"禁绝"(foreclosure)。

> 巴黎市郊的示威者没有提任何具体要求。只是出于迷迷糊糊而又说不清楚的愤恨,他们坚持要得到认可。大部分受访者都说起,时任内政部长尼古拉斯·萨科齐(Nicolas Sarkozy)叫他们"人渣",这让人难以接受。这就形成一个自我指涉的短路怪圈:针对他们抗议行动的反行动,现在成为他们抗议的对象……这是一场零级抗议,没有提出任何要求的暴力抗议行动。(*Violence*:64)

在谈论全球信贷危机时,齐泽克套用了克林顿时代

的政治口号“经济最重要，笨蛋！”，他把这句话改为“意识
形态最重要，笨蛋！”。他通过哲学的反思，把我们的“常
识”观念重新扭转到正轨上。相对于在大多数人看来既
不切实际又不接地气的哲学观念，我们的常识是实用主
义的、世俗的、经济上的考量。如果把巴黎市郊的这场暴 178
乱解读成以投资银行家名义上的非暴力行动为名，以意
识形态的另一面为实，那么齐泽克的上述论述就可以改
写为：“在一个自我指涉的短路怪圈中，针对金融家们投
机行动的反行动，正成为他们投机的对象……这是一种
指数级的破坏性投机倒把行为，要求政府做出予以巨额
财政援助的和平投机行动。”

对于别人的信念失去信念，金融市场就会崩溃。同样地，这些巴黎市郊暴乱分子对于萨科齐怎么看他们，也有自己的看法，而且对这种看法反应过激。在萨科齐眼中，法国人就是不把这些暴徒当作正经法兰西共和国公民看待。银行家和暴徒在紧急状况下的做法代表了一种普遍的社会现象：媒体驱使我们去做，而不是去说。但哲学分析以其介入模式（超然的反思）和实质内容（敏锐的意识形态观念），提供了另一种切实有效的办法，可取代这种唯恐人不知、刻意为之的弄巧成拙的做法。这种伪行动最生动的一幕，或许要数鲍勃·格尔多夫在英国电视台为《拯救生命》(Live Aid)慈善演唱会上所发出的吁请。他愤怒地呼吁道：“此刻正不断有人在死去。现在就把钱给我们。现在就把钱给我！”这一要求一出口，接着人们就等不及另一个主持人宣读捐款的邮政地址了。“去他娘的地址，直接给电话号码得了……电话号码在这

儿……”齐泽克并不这么火急火燎，他提起了马克思在1870年写给恩格斯的一封信。彼时，欧洲战事已明显迫在眉睫，马克思却在信中向恩格斯抱怨革命者都等不及他把《资本论》(*Das Kapital*)写完。哲学超然世外，不能雷厉风行，这并不是缺点，它恰恰是“现实世界”所需要的：

179 老话儿说：“别光说不练！”哪怕不用脑子去想，这也是我们能说出的最蠢的话了。也许，最近的问题反而在于我们做得太多，我们插手大自然、破坏环境等。或许，到了我们退后一步，想一想，并说出真话的时候了。确实，我们常常光说不做，但有时候，做却是为了不说或者不想。比方说，为解决问题，有人直接豪掷七千亿美元，却不先想想问题出在哪？(*Tragedy*：11)

媒介从符号象征意义上讲是极其暴力的，它树立了中立的形象，天经地义地成了对巴黎市郊暴乱这样实打实的暴力事件的报道渠道。在报道这种露骨的主观暴力时，它带着误导人的紧迫感。误导的原因在于，媒体要求观众或听众马上作出反应，而正是出于这种紧迫感，观众不再去辨识自己所目睹的事件背后的原因(客观暴力)。

巴黎的暴乱者犯了政治上的错误，这也为媒体的那种基本操作规则推波助澜：不断地制造紧迫感，让它充当广播电视时事节目播放的标准背景。他们不断地怂恿嘉宾们，谈话时要注意语速而不是见地，为了听众，要把复杂的问题“言简意赅”地一言蔽之。媒体加工各种事件时的运作规则，加上报道世界各地暴力事件的特定模式，共同制造了：

> 那种虚假的紧迫感。它充斥在左翼自由人
> 道主义关于暴力的话语中：这其中上演的就是 180
> 妇女、黑人、无家可归者和男同性恋者所遭受的暴力，还夹杂着抽象概念和清楚具体的（或者伪装具体的）内容……随便举两个例子：“在这个国家，每六秒就有一个女性被强奸”，“在您阅读这段文字的时间里，十个儿童将死于饥饿”……这些急迫的警告带着一种从根本上反理论的论调。我们没时间考虑：必须马上行动。（*Violence*：5-6）

今天，示威者、消费者、金融评论“专家”以及媒体记者都卷入商业主义的王国，不可自拔，听命于赫尔墨斯的权杖。商品文化与景观的媒介技术紧密相连。媒介化景观的通用范畴常把某个事件一刀切，其中特定的政治性因素就这样被抹除，这种意识形态效果就会抑制可能的批判性反应。齐泽克反对这种伪行动的号令，号召大家多思考因果关系。大众文化与通过精神分析得出的哲学认知，在他这里短兵相接，形成了他眼下正在展开的项目：斜目而视，以及视差之见——这一富于批判精神的思维模式，使我们得以一见新的方式，借此逃离资本主义媒

介体系那种自我指涉的短路怪圈。

一动不动的变态幽灵

> 我们的成就，不是让病人百毒不侵，而是让他们做个患者。一旦我们做到了，对于一个刚开始懂得无忧无虑，稳定踏实生活的人而言，生活就变得岌岌可危了，哪怕这意味着不参与生活过程，也许还伴随着某种精神缺陷。（Winnicott[①]，引自 Thompson，1994：269）

悖谬的是，齐泽克却受到指责，人们说他总开玩笑，虽然搞理论，但可悲的是，提不出什么可行的方案来。然
181 而，从本书的论述中，我们可以看到，齐泽克虽然幽默风趣，不愿意为了无目的的合目的性（这明显是非康德主义的）而去出谋划策，但在这些背后，却隐藏着一种可敬的、绝对的、全力以赴的分析态度——绝对的率真所造就的，面对复杂生活之时，那种真正的虚怀若谷。相反地，那些自满的阉割情结的狂热信徒们，要么在竞选运动中罢免某某重要的人物，要么从英国政府的教育部门中抹除“大学”的字眼，他们的种种行动，与其说是揭露曝光，不如说是遮遮掩掩。必要时，大他者就起作用了，这样我们这些看客们就不必去面对扑面而来的问题中那些真实的细节。如前所述，在电影《卡萨布兰卡》（*Casablanca*）中，我

---

① 温尼科特（Winnicott），英国精神分析学家。

们可以不怀好意地设想，形式上，瑞克和伊尔莎并没有那样做。同样，在耐克赞助播出的泰格·伍兹(Tiger Woods)[①]“我罪孽深重”的广告中，人尽皆知，他全力以赴地“尽管去做”了，这还被升华成为一场哈姆雷特式的与亡父之间的对话。这个高尔夫球手的媒体公演被重组为耐克公司的公关演出。但这不但没激发公众的良知，反而让他们分了心。这是上述温尼科特不参与生活过程的一个商业化版本。耐克的一句“尽管去做”，大家都没头没脑地趋之若鹜，这样的行动掩盖了这个商业化版本精神不健全的本质。

黑格尔写道：“逃离之人并未获得自由：逃离并不能使他摆脱所逃离之物的控制。”(Hegel，1830：section 94)福柯推进了这种看法，他声称：

> 我们的时代……正在试图摆脱黑格尔……但真正要摆脱他，得明白我们不得不为此付出代价……我们得搞清楚，在某种程度上，我们的反黑格尔主义可能是他给我们耍的一个圈套，他一动不动地站在最后，等着我们。(Foucault：1972：235) *182*

齐泽克兴趣广泛，深奥的思想和最浅薄/最煽情的大众媒介内容他都有所涉猎。所以，他的作品不仅趣味盎然，而且卓有成效地保全了理论，不至于落得引言中汉娜·

---

① 泰格·伍兹(Tiger Woods)，美国著名高尔夫球手。

阿伦特所说的数百年湮没无闻的命运。资本主义媒体话语拒不接受精神分析和逝去的哲学事业(尽管也巧妙地把其中一些最敏锐的见解糅合到它自己的日常精神病理学中去)。齐泽克如同《哈姆雷特》(*Hamlet*)中的马塞勒斯(Marcellus),固执地劝导我们,在这样的媒体话语中,不要去求助于那些没有批判精神,只有恶意暴力的表演:"它一举一动都这样威严,堂皇,/我们不该对它这样粗暴;/它就像空气,刀枪都伤它不得,/瞎砍行不了凶,倒出了丑。"(Act I, Sc.i)。但是齐泽克更为积极乐观,他在作品中同样执着地坚信,不论媒体使出多大气力去摆脱理论的启迪和批判精神,哪怕使出最疯狂的好莱坞大片、真人秀、情境喜剧乃至绝妙的广告,理论始终一动不动地站在最后,等待着我们……

参考文献

Books by Žižek

Borrowed Kettle = *The Borrowed Kettle*. London: Verso, 2004.

Desert = *Welcome to the Desert of the Real*. London: Verso, 2002.

Fragile Absolute = *The Fragile Absolute, or Why the Christian Legacy is Worth Fighting For*. London: Verso, 2000.

How to Read Lacan = *How to Read Lacan*. London: Granta Books, 2006.

Indivisible Remainder = *The Indivisible Remainder: An Essay on Schelling and Related Matters*. London: Verso, 1996.

Living = *Living in the End Times*. London: Verso, 2010.

Looking Awry = *Looking Awry: An Introduction to Jacques Lacan Through Popular Culture*. London: MIT Press, 1991.

Lost Causes = *In Defence of Lost Causes*. London:

Verso, 2008.

On Belief = *On Belief*. New York: Routledge, 2001.

Organs = *Organs without Bodies: Deleuze and Consequences*. London: Routledge, 2003.

Parallax = *The Parallax View*. Cambridge, MA: MIT Press, 2006.

Plague = *The Plague of Fantasies*. London: Verso, 1997.

Puppet = *The Puppet and the Dwarf: The Perverse Core of Christianity*. Cambridge, MA: MIT Press, 2002.

Real Tears = *The Fright of Real Tears: Krzysztof Késlowski between Theory and Post-Theory*. Bloomington: Indiana University Press, 2001.

Robespierre = (*ed.*) *Slavoj Žižek presents Robespierre: Virtue and Terror*. London: Verso, 2007.

Sublime Object = *The Sublime Object of Ideology*. London: Verso, 1989.

Symptom = *Enjoy Your Symptom! Jacques Lacan in Hollywood and Out*. London: Routledge, 1992; second edition, 2001.

Tarrying = *Tarrying with the Negative: Kant, Hegel and the Critique of Ideology*. Durham, NC: Duke University Press, 1993.

They Know = *For They Know Not What They Do: Enjoyment as a Political Factor*. London: Verso,

1991.

Ticklish Subject = *The Ticklish Subject*: *The Absent Centre of Political Ontology*. London: Verso, 1999.

Totalitarianism = *Did Somebody Say Totalitarianism? Five Essays in the (Mis)Use of a Notion*. London: Verso, 2001.

Tragedy = *First as Tragedy*, *Then as Farce*. London: Verso, 2009.

Violence = *Violence*: *Six Sideways Reflections*. London: Profile Books, 2008.

Žižek Website Material

Undated 'The Village'. Available at: *http://www.thepervertsguide.com/extras_zizek_thevillage.html*

1997a 'The Big Other Doesn't Exist'. *JEP*, No. 5, Spring-Fall 1997. Available at: *http://www.psychomedia.it/jep/number5/zizek.htm*

1997b 'From Joyce-the-Symptom to the Symptom of Power'. *Lacanian Ink*. Available at: *http://www.plexus.org/lacink/lacink11/zizek.html*

1997c 'How to Read Lacan. 2: Empty Gestures and Performatives: Lacan Confronts the CIA Plot'. Available at: *http://www.lacan.com/zizciap.html*

1998 'The Interpassive Subject'. Centre Georges Pompidou, Traverses. Available at: *http://www.lacan.com/zizek-pompidou.htm*

2001 'Welcome to the Desert of the Real'. Available at: *http://web.mit.edu/cms/reconstructions/interpretations/desert real.html*

2004a 'What Rumsfeld Doesn't Know That He Knows About Abu Ghraib'. Available at: *http://www.lacan.com/ zizekrumsfeld.htm*

2004b 'A Cup of Decaf Reality'. Available at: *http://www. lacan.com/zizekdecaf.htm*

2004c 'Between Two Deaths: The Culture of Torture'. *London Review of Books*, 3 June. Available at: *http://www.lacan.com/zizek torture.htm*

2004d 'Knee-Deep (Review of Timothy Garton Ash's *Free World*)'. *London Review of Books*, 2 September. Available at: *http://www.lrb.co.uk/v26/n17/print/zize01_.html*

2004e 'The Ongoing Soft Revolution'. *Critical Inquiry*, Winter. Available at: *http://www. lacan. com/zizek-inquiry1. html*

2005a 'The Act and its Vicissitudes'. Available at: *http:// www.lacan.com/symptom6_articles/zizek.html*

2005b 'Some Politically Incorrect Reflections on Violence /in France & Related Matters'. Available at: *http://www. lacan.com/zizfrance4.htm*

2005c 'With or Without Passion, What's Wrong with Fundamentalism? -Part I'. Available at: *http://*

www.lacan. com/zizpassion.htm

2006a 'Nobody Has to be Vile'. *London Review of Books*, 6 April. Available at: *http://www.lrb.co.uk/v28/n07/slavojzizek/nobody-has-to-be-vile*

2006b 'Freud Lives'. *London Review of Books*, 25 May. Available at: *http://www.lrb.co.uk/v28/n10/slavoj-zizek/ freud-lives*

2006c 'The Antinomies of Tolerant Reason: A Blood-Dimmed Tide is Loosed'. Available at: *http://www.lacan. com/zizantinomies.htm*

2007a 'Shostakovich in Casablanca'. Available at: *http:// www.lacan.com/zizcasablanca.htm*

2007b 'How to Read Lacan From Che Vuoi? to Fantasy: Lacan with Eyes Wide Shut'. Available at: *http://www. lacan.com/zizkubrick.htm*

2009a 'Capitalism, Healthcare, Latin American "Populism" and the "Farcical" Financial Crisis'. Video interview on *Democracy Now*! Both footage and transcript available at: *http://www. democracynow.org/2009/10/15/slovenian _ philosopher _ slavoj _ zizek_on_the*

2009b 'Hollywood Today: Report from an Ideological Frontline'. Available at: *http://www.lacan.com/essays/? page_ id*=347

2009c 'Berlusconi in Tehran'. *London Review of Books*, 23 July. Available at: *http://www.lrb.co.uk/*

v31/n14/zize01_.html? utm_source=newsletter&utm_medium=email&utm_campaign =3114

Other Works

Adorno, T.W. (2001) *The Culture Industry: Selected Essays on Mass Culture* (ed. J.M. Bernstein). London: Routledge.

Arendt, H. (1982) *Lectures on Kant's Political Philosophy*.Cicago: University of Chicago Press.

Arendt, H. [1993(1954)] *Between Past and Future: Eight Exercises in Political Thought*. London: Penguin.

Arendt, H. [1994(1951)]*The Origins of Totalitarianism*. New York: Harcourt Inc.

Bacevich, A.J. (2008) 'He Told Us to Go Shopping. Now the Bill is Due', *The Washington Post*, 5 October. Available at: *http://www.washingtonpost.com/wp-dyn/content/article/2008/ 10/03/AR2008100301977.html*

Baggini, J. (2008) 'Book of the Week: Violence by Slavoj Žižek'. *Times Higher Education*, 14 February. Available at: *http://www.timeshighereducation.co.uk/story. asp? storycode=400599*

Barthes, R. (1973) *Mythologies*. London: Paladin Books.

Baudrillard, J. (2002) *The Spirit of Terrorism*. London: Verso.

Bearn, M. (2004) 'On the Rampage'. *New Statesman*, 2 August. Available at: *http://www.newstatesman.com/200408020033*

Benjamin, W. (1936) 'The Work of Art in the Age of Mechanical Reproduction'. Available at: *http://www.marxists.org/reference/subject/philosophy/works/ge/benjamin.htm*

Boorstin, D. [1992 (1961)] *The Image: A Guide to Pseudo-Events in America*. New York: Vintage.

Bowman, P. and Stamp, R. (2007) *The Truth of Žižek*. London. Continuum.

Channel 4 News (2009) 'Did Mandelson Use the "Chump" Word?' Available at: *http://www.channel4.com/news/articles/politics/domestic_politics/did+mandelson+use+the+aposchumpapos+word/3366597*

Chesterton, G.K. [2004(1911)]'The Sign of the Broken Sword'. Available at: *http://books.eserver.org/fiction/innocence/brokensword.html*

Clark, A. (2009) 'When is a Starbucks Not a Starbucks?' *Guardian*, 22 July. Available at: *http://www.guardian.co.uk/lifeandstyle/2009/jul/22/starbucks*

CNN (2008) 'Jackson Apologizes for "Crude" Obama Remarks'. Available at: *http://edition.cnn.com/2008/POLITICS/07/09/jesse.jackson.comment/*

Collateral Murder (2010) Video—Transcript. Available at: *http://www.collateralmurder.com/en/transcript.html*

Danchev, A. (2005) 'Story Development, or Walter Mitty the Undefeated', in A. Danchev and J. Macmillan (eds) *The Iraq War and Democratic Politics*. London: Routledge.

Davies, M.L. (1996) 'University Culture or Intellectual Culture?' in B. Brecher, O. Fleischmann, and J. Halliday (eds) *The University in a Liberal State*. Aldershot: Avebury.

de Moraes, L. (2005) 'Kanye West's Torrent of Criticism, Live on NBC'. *The Washington Post*, 3 September. Available at: *http://www.washingtonpost.com/wp-dyn/content/article/2005/09/03/AR2005090 300165.html*

Debord, G. [1977(1967)]*The Society of the Spectacle*. Detroit, MI: Black and Red.

Derbyshire, J. (2009) 'I am a Leninist. Lenin Wasn't Afraid to Dirty His Hands. If You Can Get Power, Grab It'. *New Statesman*, 29 October. Available at: *http://www.newstates man.com/ideas/2009/11/381-382-interview-obama-theory*

Eagleton, T. (2003) *After Theory*. London: Allen Lane.

Fénelon, F. (1977) *The Musicians of Auschwitz*. London: Michael Joseph.

Fisher, M. (2006) 'Gothic Oedipus: Subjectivity and Capitalism in Christopher Nolan's Batman Begins'. *ImageTexT: Interdisciplinary Comics Studies*, Vol. 2, No. 2 (Winter). Available at: *http://www.english.ufl.edu/imagetext/archives/v2_2/fisher/*

Foucault, M. (1972) 'The Discourse on Language', in *Archaeology of Knowledge and The Discourse on Language*. New York: Pantheon.

Freud, S. [2001a (1900)]. *The Interpretation of Dreams* (*I*) (ed. J. Strachey). The Standard Edition of the Complete Psychological Works, Vol. IV. London: Vintage.

Freud, S. [2001b(1901)]*The Psychopathology of Everyday Life* (ed. J. Strachey). The Standard Edition of the Complete Psychological Works, Vol. VI. London: Vintage.

Freud, S. [2001c(1901—1905)] *A Case of Hysteria, Three Essays on Sexuality and Other Works* (ed. J. Strachey). The Standard Edition of the Complete Psychological Works, Vol. VII. London: Vintage.

Freud, S. [2001d(1905)]*Jokes and Their Relation to the Unconscious* (ed. J. Strachey). The Standard Edition of the Complete Psychological Works, Vol. VIII. London: Vintage.

Freud, S. [2001e (1911—1913)] '*The Case of*

Schreber', 'Papers on Technique' and Other Works (ed. J. Strachey). The Standard Edition of the Complete Psychological Works, Vol. XII. London: Vintage.

Freud, S. [2001f(1923—1925)] *The Ego and the Id* (ed. J. Strachey). The Standard Edition of the Complete Psychological Works, Vol. XIX. London: Vintage.

Freud, S. [2003(1899—1919)] *The Uncanny*. London: Penguin.

Fried, G. (2007) 'Where's the Point? Slavoj Žižek and the Broken Sword'. *International Journal of Žižek Studies*, Vol. 1, No. 4. Available at: *http://zizekstudies.org/index.php/ijzs/article/viewFile/83/146*

Gabriel, M. and Žižek, S. (2009) *Mythology, Madness and Laughter: Subjectivity in German Idealism*. London: Continuum.

Goldman, R. and Papson, S. (1998) *Nike Culture: The Sign of the Swoosh*. London: Sage Publications.

Gramsci, A. (1971) *Selections from the Prison Notebooks of Antonio Gramsci* (ed. Q. Hoare and G. Nowell Smith). London: Lawrence and Wishart.

Guardian Mediamonkey (2009) 'Lord Mandelson Blames a Bad Line for "Swearing" at the Sun'. 30 September. Available at: *http://www.guardian.co.uk/media/mediamonkeyblog/2009/sep/30/sun-peter-mandelson*

Hari, J. (2007) 'The Star Philosopher Slavoj Žižek Commits Intellectual Suicide in His Latest Film'. Available at: *http://www.newstatesman.com/film/*2007/04/*slavoj-zizek-intellectual*

Hari, J. (2009) 'Superwoman Falls to Earth'. *The Independent Arts Supplement* 13, 2 November. Available at: *http://www.slate.com/? id=2233966*

Hegel, G.W.F. (1830) *The Encylopedia of Philosophical Sciences: Part One*. The Logic. Available at: *http://www.marxists.org/reference/archive/hegel/works/sl/slbeing.htm*

Hegel, G.W.F. [1977(1807)] *The Phenomenology of Spirit*. Oxford: Oxford University Press.

Heidegger, M. (1954) *The Question Concerning Technology*. Available at: *http://www.wright.edu/cola/Dept/PHL/Class/P.Internet/PITexts/QCT.html*

Hill, M.A. (1979) 'On Hannah Arendt', in M.A. Hill (ed.), *Hannah Arendt: The Recovery of the Public World*. New York: St Martin's Press.

Hooper, J. (2008) 'Gypsy Girls' Corpses on Beach in Italy Fail to Put Off Sunbathers'. *Guardian*, 21 July. Available at: *http://www.guardian.co.uk/world/2008/jul/21/italy.race*

Huffington Post (2009) 'Interracial Couple Denied Marriage License by Louisiana Justice of the Peace'. Available at: *http://www.huffingtonpost.com/2009/*

10/15/interracial-coupledenied_n_322784.html

Huntington, S.P. (1996) *The Clash of Civilizations and the Remaking of World Order*. London: Simon & Schuster.

Jameson, F. (1992) *Postmodernism or, The Cultural Logic of Late Capitalism*. London: Verso.

Jay, M. [1996(1973)]. *The Dialectical Imagination: A History of the Frankfurt School and the Institute of Social Research 1923-1950*. Berkeley, CA: University of California Press.

Kant, I. [1965(1781)]*Critique of Pure Reason*. New York: St Martin's Press.

Kinney, A. (2005) '"Looting" or "Finding?"' Salon.com, 1 September. Available at: *http://dir.salon.com/story/news/feature/2005/09/01/photo_controversy/index.html*

Kirsch, A. (2008) 'The Deadly Jester'. *The New Republic*, 3 December. Available at: *http://www.tnr.com/article/books/the-deadly-jester*

Kirsch, A. (2009) 'Disputations: Still the Most Dangerous Philosopher in the West'. *The New Republic*, 7 January. Available at: *http://www.tnr.com/article/politics/disputations-still-the-most-dangerous-philosopher-the-west*

Kracauer, S. (1995) *The Mass Ornament: The Weimar Essays*. Cambridge, MA: Harvard University Press.

Kraus, K. [2001(1923)]*Dicta and Contradicta*. Urbana and Chicago: University of Illinois Press.

Lacan, J. (2008) *My Teaching*. London: Verso.

Lacan, J., Miller, J.A., and Hulbert, J. (1977) 'Desire and the Interpretation of Desire in Hamlet'. *Yale French Studies*, No. 55/56, 'Literature and Psychoanalysis. The Question of Reading: Otherwise'. Available at: *http://www.wehavephotoshop.com/PHILOSOPHY%20NOW/PHILOSOPHY/Lacan/Jacques.Lacan.Desire.And.The.Interpretation.Of.Desire.In.Hamlet.pdf*

Lacan, J. (2009) *The Seminars of Jacques Lacan: Book III: The Psychoses*. Available at: *http://lacan.com/seminars1.htm*

Lewis, R. (2009) *Seasonal Suicide Notes*. London: Short Books.

Lezard, N. (2009) 'Something Rotten in Society? Time to Revive Communism'. *Guardian*, 24 October. *http://www.guardian.co.uk/books/2009/oct/24/tragedy-farce-slavoj-zizek-lezard*

Lowenthal, L. (1961) *Literature, Popular Culture & Society*. Palo Alto, CA: Pacific Books.

McGowan, T. (2007) 'Introduction: Enjoying the Cinema', 'Žižek and Cinema'. *International Journal of Žižek Studies*, Vol. 1, No. 3. Available at: *http://zizekstudies.org/index.php/ijzs/article/views/57/119*

Macintyre, D. (1999) 'Mandelson: The Push for Power'. *The Independent*, 23 April. Available at: *http://www.independent.co.uk/arts-entertainment/mandelson-the-push-forpower-1088976.html*

Macintyre, D. (2003) 'Blair's "Horror" over TV Footage of Dead Soldiers'. *The Independent*, 27 March. Available at: *http://www.independent.co.uk/news/world/middle-east/blairshorror-over-tv-footage-of-dead-soldiers-592531.html*

McLuhan, M. [1995 (1964)] *Understanding Media: The Extensions of Man*. London: Routledge.

Mail Online (undated) 'Al-Jazeera Defends "Dead Allies" Video'. *Daily Mail*. Available at: *http://www.dailymail.co.uk/news/article*-173981/*Al-Jazeera-defends-dead-allies-video.html*

Mandelson, P. (2008) Letters Page. *Guardian*, 12 January. Available at: *http://www.guardian.co.uk/politics*/2008/*jan*/12/*tonyblair.labour*

Marcuse, H. [2002(1964)]*One Dimensional Man*. London: Routledge. Available at: *http://www.marxists.org/reference/archive/marcuse/works/one-dimensional-man/index.htm*

Media Awareness Network (undated) 'Hurricane Katrina and the "Two-Photo" Controversy'. Available at: *http://www.media-awareness.ca/english/resources/educational/teachable_moments/katrina_2_* *photo.cfm*

Miles, H. (2003) 'Watching the War on al-Jazeera'. *London Review of Books*, 17 April. Available at: *http://www.lrb.co.uk/v25/n08/hugh-miles/watching-the-war-on-al-jazeera*

Mills, C.W. [2000(1959)] *The Sociological Imagination*. Oxford: Oxford University Press.

Muller, J.P. (1980) 'Psychosis and Mourning in Lacan's Hamlet'. *New Literary History*, Vol. 12, No. 1, Psychology and Literature: Some Contemporary Directions (Autumn), pp. 147-65.

Muller, J.P. and Richardson, W.J. (1988) *The Purloined Poe: Lacan, Derrida, and Psychoanalytical Reading*. London: Johns Hopkins University Press.

Nobus, D. (2006) 'Introduction: Locating Perversion, Dislocating Psychoanalysis', in D. Nobus and L. Downing (eds) *Perversion: Psychoanalytic Perspectives/Perspectives on Psychoanalysis*. London and New York: Karnac Books.

O'Farrell, J. (2001) 'Farewell, Focus Groupie: What a Fuss About a Man Who Turned the Labour Party into an Airbrushed Bulldog'. *Guardian*, 27 January. Available at: *http://www.guardian.co.uk/politics/2001/jan/27/labour.mandelson*

Phillips, A. (1994) *On Kissing, Tickling, and Being Bored: Psychoanalytic Essays on the Unexamined*

Life. London: Verso.

Pickard, J. (2009) 'Tense Encounter between Lord Mandelson and The Sun'. *The Financial Times*, 30 September. Available at: *http://blogs.ft.com/westminster/2009/09/tense-encounter-between-lord-mandelson-and-the-sun/*

Pilkington, E. (2009) 'Seinfeld Cast "Reunites" on HBO's Curb Your Enthusiasm'. *The Guardian*, 5 October. Available at: *http://www.guardian.co.uk/media/2009/oct/05/seinfeld-curb-your-enthusiasm*

Poole, S. (2007) 'Postmodernists, Žižek and "Intellectual Suicide"'. Available at: *http://unspeak.net/postmodernists/*

Popham, P. (2006) 'Bodies of African Immigrants Pile Up Around Sunbathers'. *The Independent*, 16 May. Available at: *http://www.independent.co.uk/news/world/europe/bodies-of-african-immigrants-pile-up-around-sunbathers-478379.html*

Popham, P. (2007) 'Tunisian Fishermen Face 15 Years' Jail in Italy for Saving Migrants from Rough Seas'. *The Independent*, 20 September. Available at: *http://www.independent.co.uk/news/world/europe/tunisian-fishermen-face15-years-jail-in-italy-for-saving-migrants-from-rough-seas-402907.html*

Reece, C. (2008) 'Jokers Wild, or Batman Degree Zero: The Dark Knight'. Available at: *http://www.*

amoeba.com/blog/2008/08/writings-from-the-holy-texan/joker-s-wild-or-batman-degree-zero-the-dark-knight-2008-.html

Rickels, L. A. (1990) 'Psychoanalysis on TV Author(s)'. *SubStance*, Vol. 19, No. 1, Issue 61: Special Issue: Voice-Over: On Technology, pp. 39-52.

Sartre, J.-P. [1983(1938)]*Nausea*. London: Penguin.

Sartre, J.-P. [1966(1943)]*Being and Nothingness*. New York: Simon & Schuster.

Sartre, J.-P. [2001(1948)]*What is Literature*? London: Routledge.

Solnit, R. (2009) 'Four Years On, Katrina Remains Cursed by Rumour, Cliché, Lies and Racism'. *Guardian*, 26 August. Available at: *http://www.guardian.co.uk/commentisfree/2009/aug/26/katrina-racism-us-media*

Szaz, T. (1990) *Anti-Freud: Karl Kraus's Criticism of Psychoanalysis and Psychiatry*. Syracuse, NY: Syracuse University Press.

Taylor, P.A. (2007) 'Baudrillard's Radical Media Theory and William Merrin's Baudrillard and the Media'. *International Journal of Baudrillard Studies*, Vol. 4, No. 1. Available at: *http://www.ubishos.ca/baudrillardstudies/vol4_1/taylorr.htm*

Taylor, P.A. (2008a) 'Perverted Research and the Political Imagination-The Trial of the Good Scholar.

Švejk'. *European Political Science*, Vol. 7, No. 3, pp. 335-51.

Taylor, P.A. (2008b) 'Baudrillard's Resistance to the Ob-scene as the Mis-en-Scene (Or, Refusing to Think Like a Lap-Dancer's Client)'. *International Journal of Baudrillard Studies*, Vol. 5, No. 2. Available at: *http://www.ubishops.ca/BaudrillardStudies/vol-5_2/v5-2-taylor.html*

Taylor, P.A. (2010) 'Totalitarian Bureaucracy and Bauman's Sociological Imagination-in Defence of the Ivory Tower', in M. Davis and K. Tester (eds) *Bauman's Challenge: Sociological Issues for the Twenty-First Century*. Basingstoke: Macmillan.

Taylor, P. A. and Harris, J.L. (2005) *Digital Matters: Theory and Culture of the Matrix*. London: Routledge.

Taylor, P. A. and Harris, J.L. (2008) *Critical Theories of Mass Media: Then and Now*. Maidenhead: Open University Press.

Thompson, A.C. (2009) 'New Evidence Surfaces in Post-Katrina Crimes'. *The Nation*, 11 July. Available at: *http://www.thenation.com/doc/20090720/thompson*

Thompson, M.G. (1994) *The Truth About Freud's Technique: The Encounter with the Real*. New York: New York University Press.

Thornhill, J. (2009) 'Lunch with the FT: Slavoj Žižek'. Available at: *http://ionalecsandru.blogspot.com/2009/03/lunch-with-ft-slavoj-zizek-by-john.html*

Wansink, B. and Cheney, M.M. (2005) 'Super Bowls: Serving Bowl Size and Food Consumption'. *The Journal of the American Medical Association* (JAMA), Vol. 293, No. 14. Available at: *http://jama.ama-assn.org/cgi/content/full/293/14/1727*

Wintour, P. (2009) 'Simon Cowell Plans "Political X Factor"'. *Guardian*, 14 December. Available at: *http://www.guardian.co.uk/uk/2009/dec/14/cowell-plans-political-x-factor*

Wolin, R. (2004) *The Seduction of Unreason: The Intellectual Romance with Fascism from Nietzsche to Postmodernism*. Princeton: Princeton University Press.

Zupančič, A. (2006) 'Reversals of Nothing: The Case of the Sneezing Corpse'. *Filozofski Vestnik*. Available at: *http://filozofskivestnikonline.com/index.php/journal/article/view/12/32*

Zupančič, A. (2008) *The Odd One In: On Comedy*. Cambridge, MA: MIT Press.

索 引

（索引页码均为英文原著页码，即本书边码）

B

D

E

G

I

L

M

P

R

S

V

W

图书在版编目(CIP)数据

齐泽克论媒介/(英)保罗·A. 泰勒(Paul A. Taylor)著;安婕译. --北京:中国传媒大学出版社,2019.11(2020.11 重印)
(传播与中国译丛 / 黄旦,孙玮主编. 媒介道说系列)
书名原文:Žižek and the Media
ISBN 978-7-5657-2607-1

Ⅰ.①齐… Ⅱ.①保… ②安… Ⅲ.①传播媒介—研究 Ⅳ.G206.2

中国版本图书馆 CIP 数据核字(2019)第 234822 号

ISBN-13:978-0-7456-4367-0
ISBN-13:978-0-7456-4368-7(pb)
本书英文版于 2010 年由 Polity Press 出版。

北京市版权局著作权合同登记 图字:01-2019-6149

齐泽克论媒介
QIZEKE LUN MEIJIE

主　　编　黄　旦　孙　玮
著　　者　[英]保罗·A. 泰勒(Paul A. Taylor)
译　　者　安　婕
校　　译　戴宇辰
策划编辑　张毓强
特约策划　李唯梁
责任编辑　曾白凌
特约编辑　丁　萌
封面设计　运平设计
责任印制　阳金洲

出版发行　中国传媒大学出版社
社　　址　北京市朝阳区定福庄东街 1 号　邮编:100024
电　　话　86-10-65450528　65450532　传真:65779405
网　　址　http://cucp.cuc.edu.cn
经　　销　全国新华书店

印　　刷　北京中科印刷有限公司
开　　本　880mm×1230mm　1/32
印　　张　10
字　　数　200 千字
版　　次　2019 年 11 月第 1 版
印　　次　2020 年 11 月第 3 次印刷

书　　号　ISBN 978-7-5657-2607-1/G·2607　定　价　66.00 元